· 巴 菲 特 投 资 案 例 集 ·

巴菲特
的第一桶金

[英]

格伦·阿诺德
Glen Arnold
—
著

杨天南
—
译

机械工业出版社
China Machine Press

图书在版编目（CIP）数据

巴菲特的第一桶金 / （英）格伦·阿诺德（Glen Arnold）著；杨天南译 . —北京：机械工业
出版社，2019.11（2021.1 重印）
（巴菲特投资案例集）
书名原文：The Deals of Warren Buffett, Volume 1: The First $100M

ISBN 978-7-111-64043-1

I. 巴… II. ① 格… ② 杨… III. 巴菲特（Buffett, Warren 1930-）- 投资 - 经验
IV. F837.124.8

中国版本图书馆 CIP 数据核字（2019）第 228264 号

本书版权登记号：图字 01-2019-4725

Glen Arnold. The Deals of Warren Buffett ,Volume 1:The First $100M.
Copyright © 2017 by Glen Arnold.
Simplified Chinese Translation Copyright © 2019 by China Machine Press. This
edition is authorized for sale in the People's Republic of China only, excluding Hong
Kong, Macao SAR and Taiwan.

巴菲特的第一桶金

出版发行：机械工业出版社（北京市西城区百万庄大街 22 号 邮政编码：100037）
责任编辑：王 颖
责任校对：李秋荣
印   刷：北京文昌阁彩色印刷有限责任公司
版   次：2021 年 1 月第 1 版第 6 次印刷
开   本：147mm×210mm 1/32
印   张：9.25
书   号：ISBN 978-7-111-64043-1
定   价：79.00 元

客服电话：（010）88361066 88379833 68326294   投稿热线：（010）88379007
华章网站：www.hzbook.com   读者信箱：hzjg@hzbook.com

版权所有·侵权必究
封底无防伪标均为盗版   本书法律顾问：北京大成律师事务所 韩光 / 邹晓东

· 目 录 ·

第一部分　人物与情景

青年时代与合伙企业 / 伯克希尔–哈撒韦进入视野 /
跟本杰明·格雷厄姆学投资 / 巴菲特向格雷厄姆学到的其他理念

第二部分　投资案例

孩童时代 / 第一只股票 / 大学时光 / 像投机者一样追逐股票

盖可保险的历史 / 周六，巴菲特来敲门

投资/失败案例1：克利夫兰精纺厂 / 净流动资产价值投资法 /

你打算如何拥有这家银行 / 但是，必须与伊利诺伊国民银行分手 /
巴菲特的赞美

巴菲特 "资金超越主意" 的分水岭

此刻的金秋,我坐在桂香四溢的西湖边写这篇译者序。

这本《巴菲特的第一桶金》是我翻译的第五本财经投资书籍,尽管有关巴菲特的书已是汗牛充栋,但对于有兴趣了解早期巴菲特投资人生的读者而言,本书仍是开卷有益的。

今年已89岁的巴菲特,实际上他的名气大幅飙升大约发生在65岁以后,所以近一二十年以来,每当他做出重大投资,例如IBM、苹果、美国银行等投资案例,各种细节都会被媒体挖掘的纤毫毕现、展露无遗,令大家耳熟能详。但对于他早期的投资案例,却记录不多,大众知之甚少,原因也很简单——当年有谁知道这个文质彬彬的年轻人将来能成大事呢?

如今巴菲特依旧宝刀未老,年复一年地为伯克希尔的股东们创造着数以百亿计美元的价值(注:2019年上半年伯克希尔-哈撒韦公司净利润为359亿美元)。只是,动辄数十亿美元、数百亿美元的投资大手笔,让普通人看来只能是望洋兴叹，心中暗自慨叹："没那么多钱啊！"

《巴菲特的第一桶金》可以在一定程度上弥补这种缺憾，因为本书向我们展示了巴菲特从年轻时代开始，如何从几千、几万、十几万、几十万、一百万、几百万……一步一步，直至买下伯克希尔建立一个投资帝国的历程。从 1962 年他以7.5 美元 / 股买入伯克希尔起，到如今股价 31 万美元，可谓"合抱之木，生于毫末；九层之台，起于垒土"。

这本书实际上是"巴菲特投资案例集"系列丛书的第一卷（共 4 卷）。作者本人是一个巴菲特迷，做到金融学终身教授之后，又投身于投资行业，有感于巴菲特一生有太多精彩纷呈的案例值得深入解读，一本书难以穷尽，所以需要一套系列书来进行这项工程，本书是该系列书的第一本。由此看来，未来三年我的翻译这项"业余"工作已是板上钉钉、责无旁贷。

本书止于巴菲特积累财富的一个里程碑节点——赚得人生中第一个 1 亿美元，这一年是 1978 年，巴菲特 48 岁，伯克希尔股价跨越 200 美元。

这部"巴菲特投资案例集"最大的特点，在于全部收录了巴菲特投资生涯中的所有案例。在丛书第一卷，也就是本书中，既有大家熟知的喜诗糖果、美国运通、《华盛顿邮报》等案例，也有较少关注的邓普斯特、洛克伍德、霍希尔德－科恩等公司案例，作者还在每个案例的结尾专门总结出该章节的学习要点以供参考。

日前引人注目的新闻之一是，巴菲特公司一个持股超过20年的机构投资者卖出了伯克希尔股票，该基金负责人指出巴菲特过去十年表现不佳（2009～2019年，伯克希尔股价上涨323%，而同期标普500指数上涨334%），对其手握巨资、坐失良机、回购不足、跑输大盘，表示不满。

当前伯克希尔市值约为5100亿美元，根据2019年中期财报显示，公司持有现金达到1220亿美元，而这一数据在2016年一季度时，还只有583亿美元。近年，伯克希尔手中积累的现金数量越来越惊人，引起越来越多的关注与热议，有人推测这是巴菲特不看好后市，也有人认为巴菲特是廉颇老矣。

对于这种现象，用巴菲特自己多年前的话讲就是：**"我年轻的时候是主意比资金多，现在是资金比主意多。"** 从"主意多过资金"到"资金多过主意"，这个分水岭发生在什么时候呢？新书《巴菲特的第一桶金》刚好可以回答这个问题。

1969年在结束合伙公司时，巴菲特给所有投资人两个选择：取回现金，或转为伯克希尔股票。以事后诸葛亮式的聪明来看，当然是选择伯克希尔股票，但回到当初看，伯克希尔所拥有的就是一堆日渐衰败的纺织业务、一家小镇上的小型保险公司、一家小银行、一家小型报纸以及一两个小型企业。总之，当年的巴菲特手中并非一手好牌，这再次印证了我们多次提到的观点：**事后都易，当下最难。**

　　绝大多数人终其一生追求幸福的努力过程，就是将一手不够好的牌渐渐换成一手好牌的过程。巴菲特为我们树立了一个以身作则的好榜样。

　　人们都知道巴菲特解散合伙公司的原因是股市过热。实际上，这仅仅是外在原因，内在原因是当时巴菲特合伙公司掌控的资金已达到 1 亿美元之巨，越来越难以为这么多资金找到合适的投资对象。

　　也就是说，在解散合伙公司、拿回属于自己的 2650 万美元时，巴菲特向世人发出了一个响亮的声音："从现在起，我不再需要任何其他人的钱了！"

　　1969 年，是巴菲特"资金超越主意"的分水岭。

杨天南

写于西湖曲院风荷之莲遇

2019 年 10 月 18 日

特别致谢：

　　感谢老友唐朝为本书多处提出宝贵完善意见，老唐以"投资史学家"的角度，凭借其博览群书的深厚功底、认真负责的严谨态度，为本书的信息准确起到了精益求精的作用。

研究巴菲特的新篇章

我研究伯克希尔－哈撒韦公司已有超过 20 年的时间，在这期间，我亲眼见证了伯克希尔的发展壮大，见证了她从一个仅在某个领域颇具名声的公司，成长为一个具有强大吸引力的磁场，吸引着全球数以百万的追随者。如今，作为引人瞩目的投资理念与企业哲学的布道者，伯克希尔在理性资本配置和公司结构方面，已经成功构建了一个令人骄傲的完整生态系统。无论是投资者、企业高管，还是学者，大家都在这个生态系统中投入了自己的努力，无论是投资、运营公司，还是撰写文章、出版图书、会议研讨，大家的共同努力令这个领域硕果累累，欣欣向荣。

1996 年，我主持了有关巴菲特及其致伯克希尔股东信的研讨会，在那之后，这些内容被重新编排、出版，书名为《巴菲特致股东的信》。那个时候，巴菲特的知名度仅限于金融领域，虽然伯克希尔也有一群规模不小的忠实拥趸，但巴菲特这个名字还算不上家喻户晓。大约在这个时候，一些关于巴菲特的书籍开始出现，以罗伯特·哈格斯特朗关于投资的畅销书《巴菲特之道》为开端，罗杰·洛温斯坦撰写的人物传记继之。

在过去的 20 年中，巴菲特的名声与日俱增，伯克希尔也已成为企业界、投资界和教学界灵感的启发者和范本。巴菲特将价值投资这个概念从投资界的边缘拉回主流地位；他所偏爱的去中心化的自主管理模式渐渐为人们所追随；更别说，他将自己所有的财富，约 750 亿美元捐献给了慈善机构。如今，近 4 万人参加伯克希尔股东大会，我上面提到的三本书以及十几本关于巴菲特的其他书在世界各地畅销，在全世界的舞台上，巴菲特所享有的知名度和受到的尊崇无出其右。

这些有关巴菲特的图书涵盖的话题如此丰富，如同《巴菲特致股东的信》一样，包括会计、财务、政府、投资、并购、税务，以及估值。由于巴菲特的投资生涯跨越半个世纪，这些图书可以根据不同时期的投资进行划分：

◎ 早期的伯克希尔（直到 1978 年重新进行整合）。
◎ 伯克希尔在股市中的主要投资（1978～2000 年）。
◎ 伯克希尔作为一个全资拥有各类公司的大型联合体（至今）。

巴菲特在这些方面的贡献，既有广度，又有深度。他领导伯克希尔跨越如此漫长的时间，吸引无数分析师和作家从各个角度和侧面分析他的工作和伯克希尔的运营实践。由于巴菲特和伯克希尔的故事依然在继续发展中，对于巴菲特和伯克希尔的观察者而言，他们可以较为便利地从巴菲特最新进行的投资决策和并购事件中进行学习。

有关巴菲特的图书数量惊人，这些图书讲述了伯克希尔和巴菲特早期的故事，对于我们而言获益匪浅。我近期出版的新书《超越巴菲特的伯克希尔》（*Berkshire Beyond Buffett*）就是这样一个例子。在回顾并认识到当初伯克希尔公司文化如何形成之后，我们可以笃定，即便巴菲特离去，伯克希尔公司依然可以将其公司文化传承下去。

格伦·阿诺德也在类似的方面做出了努力，在《巴菲特的第一桶金》中，他专注于巴菲特早期投资的经历。通过回顾巴菲特早期的投资案例，例如盖可保险和喜诗糖果，加之当代的解释，阿诺德教授呈现了有用的历史和清晰的投资分析，提供了从巴菲特的学生时代到大约1978年的伯克希尔的时代背景资料，以及丰富多彩的案例。

巴菲特最喜欢的一句格言，来自一位他喜爱的希腊哲学家乔治·桑塔亚纳，这位哲学家警告世人："那些忘记过去的人，注定会重蹈覆辙。"在致股东的信中，他一而再，再而三地提出他的投资准则，并重点指出理性所在，以及推理或逻辑的错误所在。阿诺德教授的这本书萃取了股东信的精华，并以简明清晰的文笔进行了表达。

　　巴菲特曾说过，他希望作为老师被人铭记，而不是作为投资家、企业家或慈善家。通过本书，读者们可以感受到阿诺德教授的教师角色，因为他展现了大量情节丰富、引人入胜的场景，所有喜欢伯克希尔传奇的人都会在这本书中获得宝贵的知识。

　　　　　　　　　　　　　　　劳伦斯·坎宁安
　　　　　　　　　　　《巴菲特致股东的信》编者

伟大的投资者也会犯错

本书内容

自 1941 年开始，11 岁的巴菲特以 120 美元起步，这个世界上最伟大的投资家用了整整 37 年的时间，赚到了他人生中的第一个 1 亿美元。本书追踪了这 37 年间巴菲特所有的投资案例，并对每一个重要的投资案例背景进行了注解，充分展示了巴菲特在其投资生涯之初是如何积累财富的。

巴菲特在人生早期没有关于股票投资的概念，在选择企业所经历的成功和失败中，他逐渐发展形成了自己的投资哲学。本书讲述了巴菲特如何建立和完善他的投资体系，为今天的投资者提供了良好的参考素材。

一路走来，巴菲特并非一帆风顺，他也犯过很多错误。在相当长的时间里，胜利总是伴随着失败。当人们知道一个最终拥有亿万财富的人也会犯错，这或许是一种安慰，可以帮助我们面对自己遭受的挫折。

实际上，认为投资者必须在所有的时候都表现完美、永不犯错是最大的错误。从心理层面而言，投资者应该做好犯错以及遭受打击的准备，并坚信自己能够东山再起。每个人都应该牢记，我们能够从他人以及自己的错误中汲取教训，我认为，从巴菲特的失败案例中学习经验，没有比这更好的了。

本书专注于投资案例的分析，我没有写到巴菲特的私人生活。如果你希望看到的是自传体故事，这本书并不适合你。但是，如果你希望成为一个更成功的投资者，通过坚定执行投资准则赚到钱，那么你应该好好阅读本书。

本书目标

本书适合于那些渴望学习，或想要复习成功投资重要原则的投资者。在本书中，读者将通过一个又一个精彩纷呈的巴菲特投资案例来学习。

本书结构

本书将追随巴菲特的成长历程，直到他赚得人生中的第一个 1 亿美元。我们以巴菲特少年时期进行的第一次股票市场投资为起点，回顾 22 个投资案例。

本书的第二部分将对这些案例进行逐一分析。你可以根据自己的兴趣，挑选感兴趣的案例阅读，但是，按照我们的想法，我建议你按照时间顺序阅读，这样才能了解巴菲特投资思想体系发展形成的过程。这里记录的每一个案例都值得我们好好学习。

并非巴菲特在这 37 年中的每一个投资案例都会被描述，如果这样的话，这本书会过于冗长。为了避免这种情况，这里选择了那些对于巴菲特财富成长以及投资哲学形成最有影响力的案例进行分析。

在开始讲述系列投资案例之前，本书的第一部分介绍了相关的人物与情景，这对掌握后续内容十分重要。第一部分概述了后面涉及的投资案例。第二部分则探讨本杰明·格雷厄姆对于巴菲特投资哲学的影响。

关于常用缩写的说明：我会使用 BPL 这个字母缩写代表巴菲特合伙公司（Buffett Partnership Ltd.），这是巴菲特早期投资生涯中采用的投资合伙形式。在研究和写作中，我引用了大量巴菲特在合伙公司期间写给合伙人的信。这些信可以非常便利地在互联网上找到。此外，我还使用 BH 这个缩写代表伯克希尔－哈撒韦公司（Berkshire Hathaway）。

48 岁赚得 1 亿美元

这本书缘起于四年前，那时，我做了一个重大决定，决定放下手中的其他工作，全力以赴投入股票市场投资，这意味着放弃我的终身教授头衔，放弃伦敦城里诱人的高薪教职。令人想不到的是，我竟然兜兜转转又回到写书的行当来了。

投资成为我新的全职工作，我认为有必要将投资分析的过程记录下来，所以写了一些简短的博客文章，放在一个免费网站上。我发现如果我必须将自己如何配置资本清晰地表达出来，而且需要公之于众，这种压力反而起到了某种激励作用。而且，我的记性不太好，因此，我也需要某种方法帮助我回忆起数月之前做出某些投资决策的原因。

之后不久，一家名为 ADVFN 的网站问我是否愿意撰写专栏，我接受了这个建议。在专栏中，有一系列文章是有关巴菲特投资案例的，最终这些文章就构成了今天这样一本书。

"为什么"写这本书

你或许认为有关巴菲特的书早已出版很多，已没有什么新鲜事可言，但当我阅读了这些作品之后，仍然有不满意的地方。很多作者写的都是巴菲特如何投资，赚了多少钱。但我想知道的是"为什么"，为什么巴菲特这样投资？巴菲特所选择的公司具有什么特质，让它们脱颖而出？是资产负债表上的数字吗？是盈利的历史吗？是公司的战略地位吗？还是公司高管的素质？我想知道答案的细节。从几乎一无所有到世界首富，巴菲特是如何一步步走过来的？这就是我想知道的。

对于巴菲特的每一次重大决策，我都是从"为什么"的角度出发，进行深度挖掘。在做这些工作时，我多方搜集信息进行调查研究。我更多地着眼于巴菲特所选公司的分析，而不是他的个人生活。关于巴菲特的个人生活，已经有很多细致的报道，所以，这本书里没有过多涉及。

巴菲特一生有很多关键的投资案例值得深入分析。这么多的精彩案例不能都挤在一本书中，所以需要一系列书来完善这项工程，本书是系列书的第一本。本书止于巴菲特积累财富的一个里程碑节点——第一个1亿美元，以及巴菲特将他的投资整合于一家公司——伯克希尔 – 哈撒韦公司，这一年是1978年，巴菲特48岁。

与巴菲特的渊源

多年以前，我就一直着眼于探究巴菲特的深刻理念。自然而然，顺理成章，我也成为伯克希尔－哈撒韦公司的股东，并定期前往奥马哈参加股东大会。

在奥马哈之行中，我最为津津乐道的趣闻轶事是：我促成了巴菲特捐款 400 亿美元。没错，就是我促成了这件事。你或许认为巴菲特是一个意志坚定、自有主见的人，不可能被一个来访的英国人改变。但是，我不这么看，我认为我是对的。

这件事发生在 2006 年，当时比尔·盖茨和巴菲特在一起。盖茨是巴菲特的密友，也是伯克希尔－哈撒韦的股东。我握着盖茨的手，感谢他和他夫人梅琳达以及他们基金会的善举，我的感激之情溢于言表，或许还有点儿过头。

然后，我转向站在盖茨身边的巴菲特，说："感谢您为伯克希尔股东所做的一切。"不知道是出于什么原因，我的声音所表达出来的对巴菲特成就的激动之情，没有像对盖茨的那么多。

你相信吗？几周之后，巴菲特宣布要将自己的绝大部分财富捐给比尔＆梅琳达·盖茨基金，在全世界范围内用于慈善目的。显然，巴菲特一定深思了一个英国人为何对盖茨基金会的印象超出了伯克希尔。这项捐赠，一定是他深思熟虑之后采取的行动。

　　这就是我的故事，我会铭记一辈子。

　　这里有巴菲特如何赚得人生中第一个 1 亿美元的故事，我希望你能喜欢这个故事。

第一部分

人物与情景

沃伦·巴菲特的故事

在开始本书之前，我想简要介绍一下这位世界上最伟大的投资家的故事，这可以为探讨接下来的投资案例打下良好的基础。

青年时代与合伙企业

1949年，年轻的巴菲特读到了本杰明·格雷厄姆的《聪明的投资者》一书，随后选修了格雷厄姆在哥伦比亚大学的课程。1954～1956年，他作为证券分析师加入了格雷厄姆的公司工作。可以说，本杰明·格雷厄姆的投资理念奠定了巴菲特成功的基础。

在此期间，巴菲特除了在格雷厄姆这里学习之外，自己还做了一些出色的投资。例如21岁时，他短短数月时间从盖可保险股票上赚了48%（详见案例2）。24岁时，他抓住洛克伍德巧克力公司股票的投资机会大赚超过一倍，这为他不断扩充的资金，又增加了13 000美元（详见案例5）。

格雷厄姆退休后，25岁的巴菲特返回家乡——内布拉斯加州的奥马哈。在那里，巴菲特和七位亲朋好友合资，成立了投资合伙公司，由巴菲特负责投资决策，合伙公司的启动资金为

10.5 万美元。

年复一年，合伙公司的投资回报远远超越股市大盘的表现，因为巴菲特总是能找到一个又一个便宜货，例如桑伯恩地图公司，其坐拥的净资产价值远远高于其股价——合伙人在这项投资上获得的回报超过 50%，当时巴菲特 29 岁（详见案例 6）。

越来越多的人知道了巴菲特的成功，也想找他管理投资，于是巴菲特又成立了新的合伙公司。他发现一些非常优秀的上市公司会因短期因素遭到华尔街的冷遇，例如美国运通公司（这只股票涨了三倍，详见案例 8）、迪士尼公司（获利 55%，详见案例 9）。

从巴菲特成立合伙公司（1957 年）到 1968 年年末，在这期间，道琼斯工业平均指数（DJIA，或简称道指）上涨了185.7%，而投给巴菲特的每一美元上涨了 2610.6%。没错，如果在 1957 年投资 1000 美元，12 年时间可以变成 27 106 美元。扣除巴菲特的管理费后，一个从开始之初就跟随他的合伙人可以得到超过 15 000 美元。相比之下，投资于道指的 1000 美元仅能得到 2857 美元。

图 1-1 显示了巴菲特合伙公司费前、费后的投资绩效，以及同期道指的表现。请注意，1962 年巴菲特将几家合伙公司整合为一家巴菲特合伙公司（BPL），因此 1957～1961 年的绩效，是各个不同合伙公司的绩效整合得到的，它们各自的表现

极为相近。

今天，巴菲特的伯克希尔已取得了更加令人惊叹的成就。在美国当今的上市公司中，伯克希尔－哈撒韦公司名列第四（仅次于苹果、谷歌和微软），总市值超过 4000 亿美元，每股价格已高达 24.5 万美元。

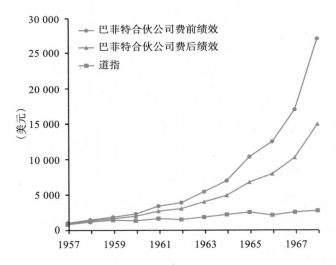

图 1-1 道指和巴菲特投资合伙公司绩效对比（1957~1968 年）

伯克希尔－哈撒韦进入视野

1962 年，巴菲特以合伙公司的部分资金购买了位于新英格兰地区的纺织公司——伯克希尔－哈撒韦，平均每股价格为 7.50 美元（没错，我没有写错小数点）。这家公司当时处于亏损之中。到 1964

年5月，巴菲特合伙公司已持有伯克希尔－哈撒韦7.5%的股份。

当时，伯克希尔公司的主要股东和首席执行官是西伯里·斯坦顿，他与巴菲特达成协议，要从巴菲特手中以11.50美元/股的价格回购伯克希尔的股票，这个价格比巴菲特的买入价格高出50%。但是，斯坦顿转念之间打算宰巴菲特一刀，于是他正式提出的回购报价为11.375美元/股。对此，巴菲特极为恼火，决定不卖股票了。

取而代之的是，巴菲特做出了后来他称之为"非常愚蠢的决定"。所有的人都能看出来，新英格兰的纺织业日渐萧条，因为它受到廉价进口商品的冲击，已经没有利润可言。伯克希尔－哈撒韦已关闭了大部分没有竞争力的工厂。但由于斯坦顿的做法惹恼了巴菲特，于是他非但没有止步，反而进一步大量买进更多伯克希尔－哈撒韦公司的股票（由此可见，伟大的投资家也并非总是理性的，他们像所有投资者一样，也会犯错）。到1965年4月，巴菲特合伙公司已经持有伯克希尔39%的股份，正式控股该公司，动用的资金达到了巴菲特所掌握全部资金的1/4。

巴菲特自认这项"幼稚的行为"导致他必须重组"一个糟糕的生意"。亏损和回购股票的结果是，到1964年年底，伯克希尔公司资产负债表上的净资产仅为2200万美元，不仅现金匮乏，而且背负着250万美元的负债（详见案例10）。

对伯克希尔未来在纺织机械和其他资产方向的投资，巴菲特做出了严格的限制，他逐渐将公司原有的资本转向一些非常有兴趣的领域。巴菲特并不是纺织业内人士，他更多的是一个懂得多种生意类型的资本配置者，比起那些仅仅着眼于纺织行业的人而言，巴菲特能够发现更好的投资机会。

1967 年，巴菲特主导下的伯克希尔 - 哈撒韦迈出了关键的一步，在他的家乡奥马哈出资 860 万美元收购了一家保险公司——国民赔偿保险公司（详见案例 11）。对于巴菲特而言，除了该公司收取的保费扣掉理赔和管理成本之后赚钱的可能性之外，这项收购的关键之处在于保险公司坐拥大量现金（也就是浮存金），因为保险公司的客户要先缴保费，而理赔是出险之后才发生的，巴菲特可以使用这些浮存金进行投资。在随后几年里，他收购了一系列保险公司，并对浮存金进行了充分的利用（详见案例 17 和 22）。

收购国民赔偿保险公司之后，巴菲特又进行了一项壮举：1972 年以 2500 万美元收购了品牌糖果公司——喜诗糖果。截至本书写作之时，喜诗糖果为伯克希尔 - 哈撒韦创造了总共超过 19 亿美元的资金。直到今天，这家公司还在源源不断地产出现金（详见案例 20）。

随后所做的一系列杰出投资，使得伯克希尔这家原本日渐衰落的纺织公司，有了超乎寻常的成长。从 1965 年到 1978 年，标普 500 指数年涨幅为 4.63%，而同期伯克希尔每股账面价值的年化成长率高达 21%。

难以想象，巴菲特的表现使得股东的财富取得了惊人的增长。从 1965 年到 1978 年 12 月，如果投资于标普 500 指数，每 1000 美元会变成 1885 美元，同期如果投资于伯克希尔 - 哈撒韦的股票，会变成 14 000 美元。图 1-2 展示了伯克希尔公司的资产价值年增长率，以及自 1965 年以来的股价成长。1978 年，巴菲特赚得了人生中的第一个 1 亿美元。那一年，巴菲特 48 岁。

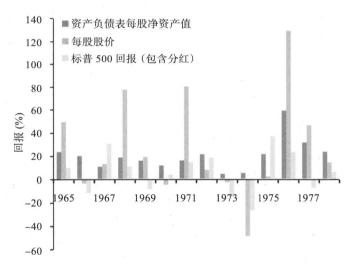

图 1-2　伯克希尔 - 哈撒韦的表现：年度回报率（1965～1978 年）

资料来源：Letter from the Chairman of Berkshire Hathaway (2016).

伯克希尔 - 哈撒韦公司一直持续战胜标普 500 指数。从 1965 年 1 月到 2016 年 12 月的整个时间段，标普 500 指数的年化复利成长率为 9.7%，而伯克希尔的表现是它的两倍，达到 20.8%。如果 1965 年投资 1000 美元到标普 500 指数，到 2016 年 12 月可以得到 127 170 美元；如果这 1000 美元投资于伯克希尔，则

会变成约 2000 万美元。从图 1-3 可以看到这些年伯克希尔资产
负债表所显示的资产价值，以及股价的成长。我想我们可以肯
定地说，巴菲特为他买下伯克希尔 – 哈撒韦这个"愚蠢的决定"
已经做出了完美的修正！

　　这是我得出的沃伦·巴菲特如何赚钱的深刻心得。本书的
第二部分揭示了一系列投资案例，在此之前，我们需要了解本
杰明·格雷厄姆的教育在巴菲特投资生涯中所扮演的重要角色。
在接下来的部分，我会描述格雷厄姆对巴菲特的影响，以及他
如何引导了巴菲特的投资方法。

跟本杰明·格雷厄姆学投资

　　20 世纪 50 年代，56 岁的格雷厄姆终于度过了股市的艰难
岁月，管理着规模不大的投资基金。在股市大崩盘之前，格雷
厄姆是一个相对谨慎的投资者，但是在大势向下沉沦的阶段，
这些谨慎还是显得微不足道，所谓"倾巢之下，焉有完卵"。在
1929 年到 1932 年的大熊市中，他所掌管的 250 万美元基金，
由于损失或赎回，整整减少了 70%。这迫使格雷厄姆不得不反
思，到底是什么可以成就一个投资者。他看到，对于盈利预测
的估值可以导致乐观的情绪；他看到，有人买股票就是在博傻，
因为股价的上升会导致有人愿意出更高的价格；他看到，有人
买股票是基于图表、推荐、对企业的误解和内幕消息。

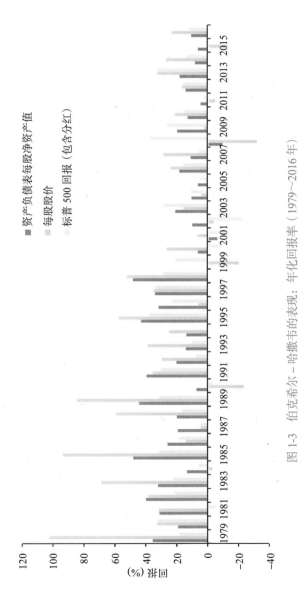

图 1-3 伯克希尔－哈撒韦的表现：年化回报率（1979~2016 年）

资料来源：Letter from the Chairman of Berkshire Hathaway (2016).

总之，当时所有的投资方式都存在不足。格雷厄姆这种深刻反思为今天广泛传播的价值投资理念打下了坚实的基础。

为了整理和传播他的思想，格雷厄姆在哥伦比亚商学院兼职教授了一门课程，名为"证券分析"。这门课程最早开始于1927年（实际上，这是纽约金融学院的临时课程）。可以想见，在20世纪30年代早期，这门课程的知识深度大幅提高，因为1929年的大崩溃导致了很多投资者的惨败，这迫使格雷厄姆去思考失败的原因。

格雷厄姆与他在哥伦比亚大学的助手大卫·多德一起，将投资分析的思路整理成一本书——《证券分析》，该书的第1版于1934年出版。巴菲特在19岁时读到的那本书，名为《聪明的投资者》，是格雷厄姆投资思想更为精练的版本。这本书对巴菲特影响巨大，其中最为重要的影响是让巴菲特远离投机，走上了投资的道路。

伴随着1929年的股市大崩溃，很多业内人士认为评估股票的价值是毫无意义的。因为，如果一只股票在1928年标价100美元（根据当时的市场价），而在15个月之后，这只股票标价跌到了仅有5美元，面对这种情形，有谁知道真正的价值到底是多少呢？他们认为，或许将关注重点放在评估其他投资人的情绪上是更好的方法。这样，你可以在别人认为股价即将上升而买入之前动手。紧盯市场价格表现，而不是关注公司运营表现，业内人士的这种做法与投资之道背道而驰，是典型的投机者的做法。

投资的定义

既然大家都了解了投机的特征，我们需要对照一下投资的
定义。格雷厄姆和多德提出的投资定义如下：

"投资是经过深入分析，可以承诺本金安全并提
供满意回报的行为。不能满足这些要求的行为就是
投机。"[1]

图 1-4 是投资的三个要素的关系图。

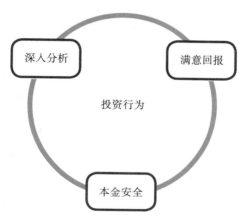

图 1-4　投资的三个要素

1. 深入分析

当你投资一家公司，便拥有了这家公司的一部分股权。你
的问题应该从一个公司所有者的角度出发，就像拥有了整个公
司一样，而不仅仅是一个小股东。你应该考虑：

◎ 公司营业收入和利润的历史记录如何？

◎ 公司在客户中的口碑如何？

◎ 公司的负债率如何？

◎ 公司的竞争对手有哪些？

◎ 公司管理层是否有能力并且诚实可信？

这类分析要求理性、独立思考以及重要的事实依据。对于格雷厄姆而言，这类分析工作主要侧重于被数据证实的事实基础。他承认"质"的因素也很重要，例如众所周知的品牌、德才兼备的管理团队，但是，1929年投资失败的惨痛经历，让他在评估企业前景、公司管理层能力和人品方面极其谨慎，不敢让这些因素占过高的权重。

2. 本金安全

在购入股票时，构建一个安全边际是非常重要的，就像修建公路桥梁时要考虑额外承重安全一样。一座桥梁在建造时，不能仅仅满足于曾经承受的历史最高风速和最高承载纪录，它的建造标准必须高于这些。

同样，只有当股票价格与你计算的内在价值之间有着巨大的安全边际时，才应该出手。这里巨大的安全边际，是为下跌留有余地。

3. 满意回报

不要指望投资能百发百中，不要在过分乐观的时候买入，不要让贪心越出你的能力圈，不要承受无法承受的风险。

巨大的反差

请记住这样一种反差：伟大的投资者将本金安全原则牢记在心中，他们只盯着那些能够获取满意回报的选择。长期以来的记录表明，他们胜出了那些选择走"高风险"路径的人。

巴菲特向格雷厄姆学到的其他理念

除了投资的三要素之外，巴菲特还从格雷厄姆那里学到了很多其他经验，包括投资回报还取决于以下三点：

◎ 知识。

◎ 经验。

◎ 性格。

投资者需要懂得企业环境与商业运作，懂得一些会计、财务、公司战略的知识，这点非常重要，尽管这些知识随着时间的推移有所发展和变化。拥有好奇心是个前提，但是投资者不必强求所有知识都来自于自己的历练或经验，聪明的投资者从他人的失败和成功中也可以学到很多。

要想成为优秀的投资者，**性格比智商更为重要**。格雷厄姆教导巴菲特，大部分的聪明人往往由于缺乏正确的心态，而难以成为优秀的投资者。例如，如果他们具有高度的理性，会为市场所表现出的非理性而感到沮丧，如此一来，他们就无法找到可以**利用非理性**的方法，而仅仅视其为疯狂的行为而已。此外，他们会沉溺于自己的预测、推测中，并因此而忽视构建安全边际。

投资者的错误心态还表现在从众效应上，他们会随着大众的恐慌而恐慌，随着大众的兴奋而兴奋。当看到有人因投机选股而赚钱，或利用了令人目眩的技术而获利时，他们会情不自禁地也想投身其中。总而言之，**投资者最大的敌人往往是自己**。

关注事实

格雷厄姆提点巴菲特，如果他想胜出其他人，就必须懂得什么是**真正的专注**。例如，很多所谓的投资者主要关注的是对未来的预期，诸如未来十年媒体产业会有多少注册用户之类，从确定性程度而言，这些不可能被准确预测。这种专注是**错误的专注**，它会让人忽略一些更为重要的东西，如资产负债表、盈利历史，以及股票价格。

重点在于不要只关注公司的故事，而忽略事实的真相。试图预测哪只有故事的股票会有美好结局、哪家公司会成为主导市场的领导者，都是极其困难的。市场往往没有赢家，至少在使用资本获得良好回报方面，结果往往不尽如人意。所以，我们应该遵从格雷厄姆的建议："（证券）分析应该主要关注那些基于事实的价值，而非预测。"[2]

正如巴菲特对于格雷厄姆的评价：

"他讲求的不是聪明绝顶的投资，也不是流行或风尚。他关注稳健投资之道，我认为如果你不是太着急的话，稳健投资之道会让你变得非常富有。至少，他的方法不会让你变穷。这太棒了。"[3]

巴菲特从格雷厄姆那里学到了将复杂的投资原理表述得通俗易懂的方法。例如，"市场先生"就是一个很好的例子，这是个值得我们每天温习的故事。

格雷厄姆是这样讲述这个故事的。比方说，你与"市场先生"合伙开了一家企业，两人各自持有 50% 的股份。市场先生是个非常勤快的人，他会每天跑来向你提出一个报价，按照这个报价，或是他买下你手中的股份，或是他卖给你他手中的股份。他实在是一个勤奋的人，实际上，他会整天给你报价。此外，他还很情绪化。有时候，他会乐观兴奋，报出很高的价格买你手中的股份；有时候，他会情绪低落，只想放弃生意，想以很低的价格将他手中的股份卖给你。

在这些情况下，你必须问自己，是否应该基于市场先生的出价评估你手中的股票价值。我希望你没有这样做。你应该进行独立的分析，并将你估算的内在价值与市场先生的报价进行比较。

学习要点

1. 遵循稳健投资原则。

   起源于格雷厄姆和多德投资学派的基本面分析方法，经过他们这一代人以及后来的追随者的不断完善，已成为一个很好的投资起点。追随明智的老师，无论是在世的还是离世的，这对于一个投资者非常重要。

2. 只要超越大盘几个百分点，就足以积累巨大的财富。

   一旦你建立了自己财富雪球的内核（一定的资金加上稳健的原则），而后通过中长期良好的回报持续积累，保持在正确的雪道上不断滚动雪球，不要偏离这些原则即可。

3. 只有进行了深入的公司分析，具有安全边际，以及设定了满意的回报率，这才是投资。

   如果这三要素中有任何缺失，你就是在投机。

4. 不要接受市场先生的报价，要做好自己的研究。

   市场先生疯狂又情绪化，对同一家公司，有时他会报出高价，转眼间因为看到负面消息，又会希望以低价卖出。你要学会利用市场的非理性情绪，而不是人云亦云、随波逐流。

第二部分

投资案例

城市服务
(Cities Services)

投资概要	投资对象	城市服务
	时间	1941 年，巴菲特 11 岁
	买入价	38.25 美元 / 股
	数量	3 股
	卖出价	40 美元 / 股
	获利	5.25 美元

是什么造就了一个人成为投资者，而非投机者，这是沃伦·巴菲特投资哲学的核心。在金融市场上，还有很多人没有搞清楚这件事，这令人十分震惊。

对于这一点的清晰思考，可以令一个股票投资人走上这样的道路：更少的风险，更少的失误，积累长期的财富——这是一条慢慢致富的道路。我会从巴菲特早期的投资案例着手，解释巴菲特的投资哲学。回顾巴菲特白手起家建立起来的投资组合，可以给我们带来许多启示和鼓励。

孩童时代

1930 年 8 月，巴菲特出生了，当时华尔街刚经历了 1929

年的大崩溃，随之而来的是大萧条。巴菲特的父亲是内布拉斯加州奥马哈市的一名股票经纪人，一度还当选了国会议员。他们的家境并不宽裕，但在大萧条期间尚可勉强度日，这都得益于典型的"中西部家庭"团结互助的传统。但年轻聪明的巴菲特并不甘于贫困，他暗下决心：我一定要富有！

从少年时代开始，巴菲特就尝试了各种各样的赚钱方式。他捡高尔夫球场遗落的球，然后出售（甚至发展到后来，还找来一个朋友一起干这项事业）；他批发来整箱的可口可乐，然后分拆开来，一罐一罐出售；他买了一辆二手的劳斯莱斯，用于出租赚钱。

理发店里的弹球机项目，是巴菲特最喜欢的。他买来弹球机，安装在理发店里，有了收入之后，会分一部分给理发师。而送报纸是巴菲特最赚钱的工作，他送的是《华盛顿邮报》。在他们的家搬到华盛顿之后，小巴菲特每天会在上学之前完成三份报纸的投递任务。

通过各种途径的积极努力，巴菲特在少年时代就攒下了不少钱。15 岁时，他就能拿出 1200 美元，买下一个距离奥马哈 70 英里⊖的占地 42 英亩⊜的农场，由此大赚一笔（五年之后，该农场以 2 倍的价格出售）。

⊖ 1 英里＝1.6093 公里
⊜ 1 英亩＝4046.86 平方米

第一只股票

早在 11 岁时，巴菲特就已经攒下了 120 美元——这是他开源节流、省吃俭用的成果。他拿出这些积蓄，与姐姐多丽丝合资，购买了 6 股城市服务公司的优先股。他自己拥有其中的 3 股，3 股的成本为 114.75 美元。

到了 6 月份，这只股票的价格从 38.25 美元跌到 27 美元。巴菲特此时感到十分内疚，因为是他说服了姐姐相信他，拿出自己的积蓄买了股票。巴菲特对信任他的人所具有的这种责任感，对我们理解他在 20 世纪五六十年代对待其合伙人，以及后来对待伯克希尔－哈撒韦股东的态度非常重要。

幸运的是，城市服务优先股的股价后来反弹到了 40 美元，巴菲特终于可以获利卖出了，最终每股赚了 1.75 美元。

大学时光

17 岁时，巴菲特被宾夕法尼亚大学沃顿商学院录取。在那里待了一段时间后，他开始不确定是否应该继续学业，他自问在这里学习有什么意义。他从 6 岁开始做生意，已经有了不菲的收入，现在继续大学的学业只会拖延他事业发展的进程，他相信自己比大学里的教授更明白如何经营一家企业。

大学课程对他而言轻而易举，他在沃顿商学院待了两年，同时兼顾着自己的兴趣爱好。但他没有完成沃顿的全部学业，而是中途转学到了内布拉斯加大学，因为这所大学离家更近。

像投机者一样追逐股票

巴菲特仍然痴迷于赚钱，在他的生活中赚钱这件事总是优先于学业。在这段时间里，他在内布拉斯加州的六个县雇用报童进行报纸投送业务、搜集旧高尔夫球再出售，他还在 J.C. 彭尼百货公司（J.C.Penney）做过销售员。

到了 1949 年，巴菲特积累的财富达到了 9800 美元。这个阶段，他对于炒股票非常着迷。他尝试了各种各样的炒股方法，从图表分析到数字分析，以及碎股交易。由此我们可以看出，巴菲特曾经也是一个投机者。

也正是在这一时期，巴菲特读到了本杰明·格雷厄姆的著作《聪明的投资者》，这就像是上天的启示！巴菲特迫不及待地要前往哥伦比亚商学院，追随格雷厄姆和大卫·多德，学习他们设计并主持的课程。1950 年秋季，巴菲特入学。1951 年夏天，巴菲特取得经济学硕士学位。在这段求学的过程中，他聚精会神地沉浸在价值投资奠基之父设计的课程中。格雷厄姆和多德的原理开始被巴菲特运用在选股上。

学习要点

1. 不要不加思考地仅攫取蝇头小利。

   城市服务公司优先股在巴菲特以 40 美元卖出后，飙升到 202 美元。

2. 不要执着于你付出的买入成本。

   那只不过是沉没成本。对你真正有意义的，是股价的未来走势。如果在你买入之后，股价下跌，你应该从当前的位置再次评估未来的前景，判断其内在价值。在很多情况下，内在价值与股价的涨跌走势并不同步。

3. 在管理他人的投资时，一旦犯错会导致糟糕的感觉。

   巴菲特讨厌冲突和糟糕的感觉，所以他发誓不会拿别人的钱投资，除非有必胜的把握。约翰·坦普顿——一位非常虔诚的基督徒、亿万富翁，曾经说过："别人的钱是神圣的。"

盖可保险

(Geico)

投资概要	投资对象	盖可保险
	时间	1951 年，巴菲特 20 岁
	买入价	10 282 美元
	数量	350 股
	卖出价	15 259 美元
	获利	4 977 美元

这个案例显示出巴菲特早期对于格雷厄姆投资理论的运用。

当时的巴菲特 20 岁，在哥伦比亚大学已经进入第二学期，也是最后一学期，此时他已经阅读了《证券分析》很多遍，其中的内容早已烂熟于胸。他在春季学期进入格雷厄姆教学的班级，一点一滴全方位学习了格雷厄姆和多德的思想，他渴望与他们交流。在班上，他总是第一个举手发言，积极参与和格雷厄姆的讨论之中，或是关于公司的优势所在，或是两家公司的相对比较（这是格雷厄姆喜欢使用的教学方法）。学期结束后，巴菲特从格雷厄姆老师那里得到了一个 A+ 的成绩——这是格雷厄姆教学生涯中唯一一次给出的 A+。

1951 年年初，巴菲特注意到自己的老师格雷厄姆是一家小型保险公司的主席，这家公司名为政府雇员保险公司，简称盖可保险（GEICO）。巴菲特对这家公司充满好奇，并希望了解更多。在一个周六，他搭上了前往首都华盛顿的火车。在华盛顿，巴菲特敲开了盖可保险总部的大门。在我进行更多叙述之前，最好还是先解释一下历史背景，即格雷厄姆是如何透过格雷厄姆 – 纽曼基金控制盖可保险的。

盖可保险的历史

盖可保险始创于 1936 年，它向那些在政府体制内工作的人提供汽车保险，它采取了一种非同寻常的销售手段。大多数保险同行都是通过代理人销售保险，但盖可保险认为这种销售方式的成本过于昂贵。公司认为如果能以邮件的形式直接将保险卖给客户，就可以为客户提供更为优惠的费率，并同时获得更佳的利润率。

由此，凭借这种营销模式，盖可保险财源滚滚，一发而不可收。但是到了 1947 年，公司的一个控股股东家族希望出售手中持有的股份，相当于盖可总股本的 55%。他们聘请了投资经纪人洛里默·戴维森负责这项出售股份的交易。戴维森花费了不少功夫，最终，格雷厄姆的基金以 72 万美元买下了这些股份，格雷厄姆本人出任盖可保险公司主席，他的另一位同事也出任公司董事。

周六，巴菲特来敲门

1951年年初的一个周六，盖可保险总部的门卫为巴菲特打开大门，碰巧的是，洛里默·戴维森正好在公司（他当时是负责公司财务的副总裁）。巴菲特对他说自己是格雷厄姆的学生，并很快在交谈中告知对方自己在研究盖可保险公司的情况，并问了一些相关问题。戴维森很乐于花些时间与这位年轻人聊一聊（根据巴菲特自己的叙述，那时他看起来像一个不谙世事的16岁少年）。

经过四个小时的交流，巴菲特对于一家保险公司的运作已经有了相当的了解，戴维森给他上了精彩的一课。他可以清楚地看到盖可保险公司具有两大竞争优势：

（1）盖可公司销售保险的方式具有极大的低成本优势。

（2）盖可公司的客户群体具有精准的定位，习惯于从盖可购买保险的群体是一个安全驾驶的群体，因此，保险风险很低。

盖可具有良好的发展前景，不仅是因为公司拥有一个精干的销售团队。盖可的利润率是同业平均水平的五倍。比这更令人惊喜的是，盖可公司还拥有数量可观的浮存金（即已经收取、尚未赔付的保费收入），这些现金可供投资之用。

从这里，我们看到了巴菲特早期深入分析企业的案例，看到他在心中树立的内在价值的观念。我们还可以看到巴菲特如何坚持独立判断，而不是简单听从所谓的专家意见。此行之前，他就与几位保险专家进行过交流，这些专家都认为盖可估值过高。当时，盖可保险的市场份额仅为1%，并被认为竞争能力脆弱，尤其是经纪人分销队伍薄弱。但是，巴菲特从格雷厄姆那里学到一个真理：你既不会因为大众同意你而正确，也不会因为大众反对你而错误。一切以事实为根据，而不是大众的看法。

令人兴奋的是，巴菲特将自己65%的净资产都投在了盖可保险上，总金额为10 282美元。

1952年，巴菲特卖出了持有的盖可保险股票，拿回15 259美元。这个成绩还不错。但如果你了解了以后发生的事，可能会另有想法：在接下来的19年中，如果他继续持有这些股票，天天出去钓鱼的话，到20世纪60年代后期，这些股票将价值130万美元。这是一堂令人痛心的课，课程的名字应该叫作——论卖出一家好公司股票的损失。

但是，让我们原谅这个看似"失误"的决策，因为我们很快将要看到，巴菲特的资金有了更好的用武之地。

20世纪70年代初，伯克希尔－哈撒韦公司再次投资了盖可保险。2016年，盖可保险占有美国汽车保险市场11.4%的份额。

学习要点

1. 做好功课。

   分析一家公司，既要关注"量"的因素，如会计，也要关注"质"的因素，如公司在客户中的口碑，或公司管理层的才能。

2. 认真做一些努力，你会发现自己不比所谓的专家差。

   在这个案例中可以看到，很多基金公司根本不屑去拜访小型保险公司，他们更愿意待在屋里读年报和行业报告。所以，投资者可以从中学到——更进一步，你就可能比那些"专业人士"更了解公司。

3. 关注那些能妥善运用资本的公司。

   如果一家公司能精心运用资本，通过运营产生超额的资本回报，这样的公司将会极具价值。在这种情况下，公司利润可迅速增长，公司股价也会随之飙升。

克利夫兰精纺厂和加油站
(Cleveland Worsted Mills And a Gas Station)

　　带着从哥伦比亚大学获得的 A+ 毕业成绩，巴菲特非常渴望到格雷厄姆的公司工作，但格雷厄姆一直拒绝接受他。格雷厄姆是犹太人，当时的华尔街对犹太人有很多偏见，所以他倾向于将工作岗位保留给犹太人。巴菲特甚至提出不要工资白干，但还是遭到拒绝。巴菲特苦恼地意识到，格雷厄姆对于价值观的坚持非常执着。

　　带着一丝不情愿的心情，21 岁的巴菲特回到家乡奥马哈，与父母住在一起，在父亲的公司里做了一名股票经纪人。作为股票经纪人，他所要做的是积极出主意推动股票的买卖，吸引私人投资者通过他父亲的公司进行交易。

　　那时的巴菲特看起来像一个 16 岁不谙世事的毛头小伙儿，所以，当他向奥马哈的富人推荐自己选中的股票时，没有人认真当回事儿。那些人在听了巴菲特的建议之后，会再去找一个更成熟的股票经纪人进行验证，然后在别人那里下单。或者，他们会问巴菲特："你父亲是怎么想的？"所以，尽管巴菲特能提出质量上乘的建议，结果往往还是令人沮丧。

投资

　　1951 年年底，巴菲特已经将自有资金增值到 20 000 美元。此时，这个世界上他最尊重的两个人——格雷厄姆和他的父亲，都建议他不要进入股市，因为他们认为股价已经太高了。巴菲特并不同意他们的逻辑，他自作主张，认为 1951 年是进场买入好公司的绝佳时机。他认为潜在回报是如此诱人，以至于第一次借钱买了股票（他借了 5000 美元，相当于他净资产的 1/4）。

　　请大家注意，融资仅限于那些有能力的投资者，他们即便亏掉所有的投资组合也不会影响生活。我不建议大家借钱买股票，巴菲特也是。事实上，在那之后，巴菲特很少融资（他的保险公司浮存金给了他需要的杠杆，而且通常还没有资金成本）。

　　拿着他的 25 000 美元，巴菲特开始寻找投资标的，他找到穆迪手册，上面刊载了所有美国上市公司的信息，大约有10 000 页，巴菲特读了两遍。有些公司他一掠而过；有些公司他从头到尾详读。他甚至学着格雷厄姆的样子，在奥马哈大学教授夜间课程，传授格雷厄姆投资学及他自己的投资方法。在此期间，巴菲特经历了两项失败的投资。

失败案例 1：克利夫兰精纺厂

克利夫兰精纺厂的股价比公司净流动资产价值的一半还少。这意味着公司流动资产减去所有负债之后的一半，也比公司的总市值还多。也就是说，实际上，如果公司偿付了所有债权人，并且所有固定资产一文不值，它的现金、应收账款、存货价值依然是该公司市价的两倍。这个挑选股票的方式对于 20 世纪 50 年代的巴菲特而言，是非常重要的方法，我接下来会解释更多细节。

除了股价仅有净资产价值的一半以外，该公司还有高比例的分红。这些综合在一起，使得该公司显然是一项很有吸引力的投资，巴菲特将它推荐给奥马哈股票经纪公司的客户们。但是接下来，情况发生了变化：公司面临来自美国南部各州纺织厂以及合成纤维的激烈竞争，出现巨额亏损，只得削减分红，股价也随之大跌。

正如上面所提到的，净流动资产价值投资是巴菲特所运用的重要投资策略，值得我花更多的时间扩展这个话题。

净流动资产价值投资法

信不信由你，股票市场上的确存在着市值低于流动资产的公司。流动资产是现金和其他预期可以在一年之内变现的资产，绝大部分由库存、应收账款和现金组成。

更加引人注目的是这样的事实，如果你将所有的负债，无论长期还是短期，从当前的流动资产中减去，得到的就是净流动资产价值。你可以寻找那些低于净流动资产价值在出售的公司。

如果我们考虑到，这种方法完全忽略了公司持有的长期资产的价值（指的是那些非流动资产或固定资产），就会感到更加惊人，将这些资产的估值视为零，这是极端保守的，因为长期资产可能包括建筑物、车辆、工厂等具有很大市场价值的标的，但所有这些都被忽略了，在净流动资产价值投资法中，它们的价值都被计算为零。

这里有两个需要留意的地方：

1. 减少库存和应收账款

在公司资产负债表上，流动资产的估值数字并非以面值入账，在你对存货进行估值时，可能希望留有一个安全边际。例如，公司管理层通过会计师，得出某一个会计记账日的库存数字，包括仓库里的原材料、生产线上的半成品，以及尚未出售的成品。其中不乏某些公司高管带着乐观预期评估这些数字。

作为价值投资者，我们必须构建自己的安全边际，拒绝那些建立在最佳假设结果上的估值。也许一些旧有的库存现在已经过时，无法再按照原来的成本出售。作为局外人，我们无法逐项检查，逐一估值，我们的确无法做到这些，那么，出于安全的考虑，我们可以将整个库存的估值打个折，比如减少 33%。这也是本杰明·格雷厄姆在大多数例子中推荐的减少比例。

同样的安全原则也可以运用到应收账款上。在预估客户付款比例上，公司高管要比你更为乐观，或许应该将应收账款的数字降低 20%。

2. 检查质的因素

下一步是确定公司品质方面的特征（假设公司的最佳方案不是立即清算的话）。

（1）公司的前景。

公司的运营是否能保持合理的良好定位，在中长期产生利润？信不信由你，你完全有可能以低于净流动资产价值的价格买入一个优秀公司。"盈利能力"，这个由格雷厄姆创造出来的术语，正是我们所寻找的。

格雷厄姆曾经说过，判断未来盈利能力的指标之一，就是当下令人满意的盈利和分红，和 / 或历史平均盈利能力。有关这点，千万不要听信任何人预测未来趋势，或仅凭以前的数据做判断，因为它们可能会产生误导。例如，2012 年的 J.C. 彭尼百货公司、诺基亚或特斯科（Tesco）公司，如果基于过去的数据或情况评估，它们非常强大。但是正如这些公司接下来所遭遇的，竞争环境是会改变的。投资者必须能超越这些历史数据，发现那些可能摧毁公司竞争力的苗头。

（2）公司管理层的素质。

这涉及到两个方面：

（a）能力。 检验公司管理层提供的报表，并将他们的表现进行长期的比较。

（b）股东利益导向。 一个公司仅有能干的管理团队，也不一定就是一个好的投资对象，除非管理层也具备正直诚实的品质，尤其是要重视维护股东利益。

（3）稳定性。

公司的运营是否稳定？公司负担的债务水平是否会损害其前景的稳定性？投资者不希望投资于那些高负债的公司，或收入极其不稳定的公司。那些不易受制于外界太多变量影响的行业更具稳定性，这意味着生物科技、电脑游戏软件公司肯定不在考虑范围之内，而那些销售工具的公司反而可能值得考虑。

导致股价过低的原因

有三个原因可导致公司在流动资产高于负债的情况下，股价仍然大幅低于净流动资产价值：

（1）公司管理层做出破坏价值的行为，导致股东资产逐年缩水。

（2）股市的非理性将股价压低到一个不合理的水平。

（3）股东没有向管理层施压，让他们做正确的有利于股东的事。

为什么净流动资产价值较高的股票会上涨

历经煎熬和数年亏损的公司，或从经济或行业下滑中存活下来的公司，通常会受制于市场的悲观情绪，泥沙俱下之时，一些烂公司会被抛弃，一些好公司也会被抛售，所以有充分的理由相信，恢复性上涨终将发生。

有四种路径可以停止或逆转亏损，阻止资产负债表上的资产价值逐年流失。

1. 经济环境改善，从而提升盈利能力。

这或许由整体经济情况好转所导致。此外，盈利能力的提升也可能是因为竞争对手退出行业：竞争对手倒闭了，或是收缩业务，这会让少数留下来的企业得以提高价格和提升利润。

2. 公司管理层奋发自强。

管理层或许很能干，但面临着新竞争对手的猛烈攻击，或老竞争对手的价格战和市场争夺战。如果他们能重整旗鼓，从过去的错误和挑战中汲取经验教训，就有可能重新焕发活力。

3. 公司转手。

买家至少应该愿意支付被收购公司的清算价值（如果流

动资产的卖价接近公司资产负债表上的价值，那么清算价值
就会高于公司市值），这样，净流动资产价值的投资者便可以
获利。

4.全部或部分清盘。

市场上有很多公司根本没有继续存在的意义。如果公司董
事们选择出售资产变现，股东们能分到更多的钱，给股东的分
红也会越来越多。对于那些拥有很多不动产但不盈利，甚至亏
损的公司而言，如果能够逐渐清理卖出资产，股东可以得到两
倍或三倍的钱。

如上，净流动资产价值投资者可以寻找这四种类型之一的
机会，以期获得投资回报。

失败案例 2：加油站

巴菲特曾经以合伙公司的形式，与一个朋友合伙在奥马
哈买过一个加油站。不幸的是，这个加油站恰好位于德士古
（Texaco）加油站的对面，而后者的生意一直比巴菲特的加油站
好。令人惊讶的是，巴菲特曾经亲自上阵，充当工作人员，每
个周末他都亲临现场，直接服务客户。

在这里，巴菲特学到了什么是竞争优势：德士古公司的加
油站"运作成熟，拥有客户的忠诚，我们做什么都无法改变这
些"。这次教训启发他后来做出了一些最佳投资，他学会了寻找

那些在行业中客户忠诚度最高的公司，如可口可乐。

投资加油站的 2000 美元损失，使当时只有 22 岁的巴菲特更聪明了。

保持与格雷厄姆的联系

巴菲特依然渴望继续得到格雷厄姆的指导，所以，他不断给老师发送关于公司分析的文章。最终，格雷厄姆和他的合伙人——杰里·纽曼被打动了，给了巴菲特一个格雷厄姆–纽曼公司的职位。除了合伙人之外，他是纽约投资办公室仅有的四位工作人员之一。

学习要点

1. 每一个投资者都会犯错，少有例外。

你必须接受你会犯错这个事实，这与能力圈有关。你必须不断自我提升，从失败中学习成长。你成功或失败的决策，决定了你的投资组合长期的表现。即便是伟大的投资家，也有 45% 的时间会犯错。如果你能在 55% 的时间做对，那么假以时日，你能成功地积累财富。

2. 净流动资产价值投资法是巴菲特投资方法的核心。

有时股价可以下跌到不可思议的程度，甚至低于每股流动资产扣除负债，这往往成为绝佳的投资机会。一些公司具有极大的胜算恢复股东价值。

3. 不要忽视品质的因素。

竞争优势和管理层的素质，是绝大多数成功投资的核心因素。

洛克伍德公司
(Rockwood & Co.)

	投资对象	洛克伍德公司
投资概要	时间	1954～1955 年，巴菲特 23～24 岁
	买入价	不同价位
	数量	—
	卖出价	不同价位
	获利	13 000 美元

跟随格雷厄姆工作的两年是紧张忙碌的，巴菲特的主要工作，是在一间没有窗户的办公室里，研究数以百计的公司的数据。他整理出那些符合格雷厄姆标准的有关公司的简报，特别是净流动资产价值，将它们分门别类为：便宜的公司、被忽略的公司和失宠的公司。

以下案例中的公司属于便宜的公司，是巴菲特众多投资杰作之一，但被大家忽略了，因为这项投资没赚多少钱。

洛克伍德公司

洛克伍德公司是一家巧克力豆（用于生产饼干）制造商，它长年亏损，但拥有大量的可可豆库存。更重要的是，当年可可豆的价格在飙升。如果洛克伍德公司直接在市场上出售可可豆，需要交纳数额不菲的税金。作为替代方案，公司的董事们找到格雷厄姆-纽曼公司，问他们是否有意收购，但洛克伍德公司的要价很高。

于是，洛克伍德公司找到另一位能干的投资人杰伊·普里茨克，问他是否愿意收购该公司。由于出售可可豆要被征收50%的重税，普里茨克想到了一个可以避税的办法。当时的一项新税法规定，如果一个公司缩小其经营范围，那么它清算相应部分的库存就可以免税。于是，普里茨克买下了公司的控股权，着手清算公司仓库里价值 1300 万美元的可可豆。但他没有选择直接卖掉这些可可豆。他的方案是，每个股东都可以用一股股票换取 36 美元的可可豆，而此时市场的股价是 34 美元。这样，就有了一个非常明确的套利机会。格雷厄姆察觉到了这个机会，他指示巴菲特买入洛克伍德股票，用于交换可可豆，然后再卖掉可可豆，这样，每一股就可以获得 2 美元的回报。

洛克伍德公司并不是直接给大家一袋袋的可可豆，实际上，它给每个买家开具显示持有可可豆的仓库仓单。为了防止可可豆仓单价格下跌，格雷厄姆-纽曼公司同时卖出可可期货（它可以保证在未来一个日期，可以某个固定价格提供固定数量的可可豆），如此一来就可以锁定他们的套利利润。一周又一周，巴菲特都在干着"买进股票、卖出可可期货"的工作。

巴菲特的困扰

这单套利交易，格雷厄姆－纽曼公司干得非常漂亮，但巴菲特相信自己可以做得更好。于是，他直接买进了 222 股洛克伍德的股票，他的逻辑是这样的：

◎ 约定的出价为每股可交换 80 磅可可豆。

◎ 洛克伍德公司拥有的可可豆数量，远远超出流通股数所对应的数量。

◎ 所以，如果你是公司股东之一，选择不将股票卖给公司，那么首先，你持有的股票每股所对应的，由公司持有的可可豆价值，应该超过 36 美元；其次，你的持股所对应的可可豆数量，会由于其他人出售股票给公司而增加。

◎ 除了可可豆，公司拥有的工厂、机器、设备、现金、应收账款等，也是有价值的。

普里茨克对此了如指掌，他是个非常聪明的家伙。巴菲特选择和他站在一起——买进股票。

结局

在普里茨克出价之前，洛克伍德的股价是 15 美元，后来涨到了大约 100 美元。巴菲特赚了 13 000 美元。

学习要点

1. 深入思考公司的行动及其对未来价值的影响非常重要。

   与那些短线思维相比，这其实是无风险的回报。

2. 机会只会展现给那些脚踏实地的人，给那些日复一日在干草堆里寻针的人。

   巴菲特研究了数以千计的公司，就是希望发现一两个，或更多像洛克伍德公司这样的金矿。

桑伯恩地图公司
(Sanborn Maps)

投资概要	投资对象	桑伯恩地图公司
	时间	1958～1960 年，巴菲特 28～30 岁
	买入价	约 45 美元 / 股，共约 100 万美元
	数量	2.4 万股，或 22.8% 的公司股本
	卖出价	转换为公司投资组合份额
	获利	约 50%

在巴菲特为格雷厄姆工作两年之后，格雷厄姆退休了，巴菲特失业了。这一年是 1956 年，巴菲特已经积累了 14 万～17.4 万美元的财富（数字不统一是由于信息来源不同），他不需要找工作了。他希望找一个稳固的根据地，在那里他可以研究美国公司，可以进行思考，可以进行投资决策。最终，他选择回到家乡奥马哈。

回到奥马哈后，巴菲特决定专心于自己的投资。他成立了一家小型合伙公司，有 6 个合伙人，大部分是他的亲朋好友，如他的姑姑爱丽丝，她在合伙公司投了 3.5 万美元。这个合伙公司一共筹集了 10.5 万美元的资金，其中巴菲特只投了 100 美元。家里的卧室就是巴菲特的办公场所。

巴菲特是唯一的投资决策人,他不会告诉合伙人自己买了什么股票(因为担心会引起他人的模仿)。然而,他每年会写一份年度报告给所有的合伙人,汇报全年的工作表现。每当年度聚会的时候,他的太太苏珊会给大家呈上一顿丰盛的鸡肉晚餐。不久之后,更多的投资人被吸引而来(一些人以前是本·格雷厄姆的投资人,现在为他们的资金寻找出路)。巴菲特因此成立了更多的投资合伙公司。1962年,巴菲特将所有的合伙公司整合为一家合伙公司——巴菲特合伙公司(BPL)。

巴菲特合伙公司取费模式及其表现

巴菲特认为,作为他的合伙人,如果投资回报不能超过安全借出资金获得利息的回报,就不应该收取管理费。所以,他约定如果某一年他的回报低于4%,那一年就不收费(这发生在1956~1961年期间)。高于4%回报的部分,巴菲特会得到分成。这种绩效费最初可以高达50%。从1961年开始,不收费门槛被重新设定为6%,超出的部分,绩效费为25%。

巴菲特将自己的投资目标设定为:每一个三年周期都跑赢道琼斯指数。他认为至少以三年为周期评判一个基金经理的水平,这样才合理。表6-1显示了巴菲特合伙公司从1957年到1968年的绩效,这是巴菲特1970年年初将其合伙公司清算之前，我们能够得到的最长期间的完整数据。

表 6-1　巴菲特合伙公司绩效（1957～1968 年）

年　份	道琼斯指数回报（%）	合伙公司回报（%）	有限合伙人费后回报（%）
1957	−8.4	+10.4	+9.3
1958	+38.5	+40.9	+32.2
1959	+20.0	+25.9	+20.9
1960	−6.2	+22.8	+18.6
1961	+22.4	+45.9	+35.9
1962	−7.6	+13.9	+11.9
1963	+20.6	+38.7	+30.5
1964	+18.7	+27.8	+22.3
1965	+14.2	+47.2	+36.9
1966	−15.6	+20.4	+16.8
1967	+19.0	+35.9	+28.4
1968	+7.7	+58.8	+45.6
累计	+185.7	+2 610.6	+1 403.5
年化回报（%）	+9.1	+31.7	+25.3

资料来源：BPL letter to partners (22 January 1969).

从 1957 年到 1968 年这段时间，巴菲特没有一年亏损。他的平均年化回报，在扣除绩效费之前，是道琼斯指数的三倍。

当合伙公司的资本积累至数以百万美元计的时候，巴菲特收取的绩效费已相当可观，他又将这些钱再投入合伙公司，用于增加持有的股份。他持有的股份越来越多，他也随之越来越富有。

以下是这段时期巴菲特的一个投资案例。

桑伯恩地图公司

桑伯恩地图公司专门为保险公司提供地图服务，它曾经生意兴隆，但当时已经开始走下坡路。它的地图可以详尽展现美国每一个城市的电线、水管以及建筑物的细节，保险公司可以凭借该公司的地图进行火灾风险的评估。当保险行业兴起兼并之风后，保险公司的数量变少，对于桑伯恩地图产品的需求也变少了。同时，评估和防范风险的现代方法的引进，也令桑伯恩的业务雪上加霜。

尽管如此，桑伯恩每年依然有 200 万美元的销售收入，保持着盈利状态，虽然利润从 20 世纪 30 年代的每年 50 万美元，下降到了 1958 年、1959 年的 10 万美元以下。伴随着利润下降，公司的股价也开始下滑，从 1938 年的 110 美元，一路跌到 1958 年的 45 美元，这使得公司总市值缩水至 470 万美元（45 美元 / 股 ×10.5 万股）。

更重要的是，在地图业务之外，桑伯恩公司持有一个大约相当于每股 65 美元的投资组合，即市场价值相当于 700 万美元的可变现证券，这个组合产生的收益还相当可观。

巴菲特不但买了，而且需要控制甚至改变公司

我们可以从巴菲特 1959 年写给合伙人的信中，看到巴菲特有关桑伯恩公司的思考：

　　"实际上，这家公司（指桑伯恩地图）有些像一个投资信托，其投资组合中持有30或40种优质证券。我们所进行的投资，是基于这些证券的市值，以及对其业务的保守估值，有一个巨大折扣。"[4]

　　巴菲特从1958年到1959年，以合伙公司名义买进桑伯恩地图公司的股票。他同时也以自己的个人资金买入该股，并鼓励朋友们买入。巴菲特希望赞同他想法的人持有的股票越多越好，因为他需要得到更多投票权，以推动公司董事会的改变，从而释放出公司应有的价值。果然，通过巴菲特合伙公司、巴菲特个人账户、朋友和家庭的资金，巴菲特设法买到了足够的股票，成功进入董事会。该公司董事会的其他董事大多是保险公司的代表，来自桑伯恩的那些大客户。

　　在首次参加董事会时，巴菲特提议股东们应该得到公司投资组合的相应价值，还提出公司应该通过运用电子设备提高用户的数据使用体验，从而重塑公司地图业务的盈利能力。来自保险公司的董事们不赞同巴菲特的提议，但其他的董事表示赞同。

　　巴菲特对这些保险公司的董事反对自己的意见很恼火，于是他的合伙公司和朋友圈子继续增持更多的股票（他甚至说服他父亲经纪公司里的客户购买），最终巴菲特拥有了足够的控股权。巴菲特合伙公司持有2.4万股，占桑伯恩公司22.8%的股份，他的投资伙伴持有21%左右的股份。巴菲特将其合伙公司35%的资金投在了桑伯恩地图上。更多巴菲特的思考可见于其

1958 年致合伙人的信：

> "尽管桑伯恩公司低估的程度不比我们持有的其他
> 证券更大……我们成为了（该公司）最大的股东，这使
> 我们具有了很大的优势，可以决定用多长时间去矫正
> 价值的低估。在这项特别的投资里，我们可以肯定在
> 持有期间能够战胜道琼斯指数。"[5]

巴菲特利用控股权，告诉桑伯恩公司董事会其他成员，如
果他们不同意他的提议，他将召开特别股东会议，接管董事会。
1960 年，公司董事会同意动用投资组合回购股份。巴菲特合伙
公司卖出持股，大约获利 50%。正如巴菲特所描述的：

> "大约有 72% 的桑伯恩的股票以公允价格被置换
> 为投资组合里的证券，涉及 1600 名股东中的 50%。公
> 司的地图业务和超过 125 万美元的政府市政债券被保
> 留下来，作为储备金……其余股东拥有的是略有改
> 善的资产价值、有大幅提升的每股盈利，以及提高的
> 分红率。"[6]

学习要点

1. 安全边际。

   显然，巴菲特很好地运用了格雷厄姆的思想。他的买价低于净流动资产价值，具有安全边际。他确信公司的盈利能力，因为只要公司改进业务或缩小规模，就可以进一步提升盈利能力。的确，桑伯恩公司今天依然在运营。持有足够多的股票，拥有了控股权，就可以对公司董事会施加影响。

2. 当你拥有巨额资金时，就拥有了更大的影响力。

   管理大资金的优势在于，投资人可以掌控一家公司。随着可支配资金的增加，投资人可以瞄准那些不太可能被一小群董事掌控的公司。这样，我们看到29岁的巴菲特与其他人一起合作，对抗尸位素餐的董事会的意志，追求股东利益的最大化。这要求他具有强烈的使命感和目标感，并可以进行良好的沟通，说服志同道合的人（或利益相关的独立股东：这取决于你如何看待这些人）。尽管巴菲特对于冲突具有本能的抗拒，但在涉及股东利益时，他却很有斗志。

邓普斯特农机制造公司
(Dempster Mill)

投资概要	投资对象	邓普斯特农机制造公司
	时间	1956～1963 年，巴菲特 26～32 岁
	买入价	28 美元 / 股
	数量	约 3.57 万股，或 70% 的公司股本
	卖出价	80 美元 / 股
	获利	230 万美元，或 230%

1962 年 1 月 1 日，巴菲特将几家合伙公司整合为一个公司——巴菲特合伙公司（BPL），初始资金为 720 万美元。巴菲特几乎将自己的全部资金都投入了这家合伙公司，将近 45 万美元。除此之外，巴菲特在合伙公司中还拥有一部分价值，因为他会将收取的管理费又全部投入合伙公司里。

邓普斯特农机制造公司

邓普斯特农机制造公司位于内布拉斯加小镇比阿特丽斯，生产风车和灌溉系统，是一家小型家族企业。巴菲特 1956 年开始买进这家公司的股票，当时的股价在 16 到 18 美元之间。当时该公司的净资产（账面价值）约为 450 万美元，折合每股 75 美元。净流动资产价值约为每股 50 美元，年销售收入大约为 900 万美元。

公司的股价非常低，因为公司一直处于盈利微薄或亏损的状况，也就是在盈亏线上挣扎，而且没有迹象表明公司管理层会改善当前模式。此外，公司还有很多负债，身处的行业也前景不佳。巴菲特这样评价邓普斯特公司：

> "过去几十年的运营状况不佳：销售停滞；库存周转率低下；投入的资本几乎毫无利润可言。"[7]

简而言之，这是典型的格雷厄姆式投资。这种类型的投资，取得回报有几种可能的形式：① 行业的经济前景改善；② 公司管理层改进或换人；③ 公司被清盘；④ 公司被收购。

巴菲特和他的朋友沃尔特·施洛斯和汤姆·纳普一起持有了公司 11% 的股份，巴菲特也进入了董事会。他继续买进，最终买下了邓普斯特家族手中的股份。1961 年年中，巴菲特合伙公司成为主要持股股东，握有 70% 的股份，价值约为 100 万美元（同时，其他几个朋友持有 10% 的股份），此时，巴菲特被任命为董事长。他们买进的均价为 28 美元 / 股。BPL 持有的邓普斯特股票价值，占合伙公司总资产的 21%。

邓普斯特公司的麻烦

邓普斯特公司参与的很多生意都不赚钱，太多股东的钱被浪费在库存和应收账款上。符合逻辑的做法应该是精简业务，释放出现金用于其他方面的发展，特别是购买市场上物有所值的股票。当巴菲特董事长每月从奥马哈前来公司指示要削减库存时，公司高管们总是点头称是，但却毫无作为。

公司现金短缺状况十分严峻，以至于合作的银行考虑要关闭公司。1962 年，公司已濒于破产，估计坚持不了几个月了。巴菲特必须对合伙人做出解释，因为他们有 21% 的资产可能会消失。这项投资有可能成为巴菲特投资决策的一大失误。然而最终，巴菲特令这家企业起死回生，一位朋友给他帮了大忙，邓普斯特公司被巴菲特重塑为一家有价值的企业。

查理·芒格

1959 年，巴菲特遇见了查理·芒格。芒格是一个地道的知识分子，也是奥马哈人（但当时他住在加利福尼亚州），和巴菲特很有共同语言。他们俩一见如故，惺惺相惜。芒格是为数不多的可以跟上巴菲特成长脚步的人。

芒格曾经是位律师，巴菲特说律师职业作为一项爱好还行，但如果芒格做投资可以干得更好。于是，芒格在加州设立了他的投资基金，并经常与巴菲特通电话讨论投资想法。他们在 1962 年讨论了邓普斯特的麻烦。当时芒格认识一位意志坚定的企业经理人哈里·波特尔。这个人在加州，他或许能帮上忙。双方达成的薪酬方案很慷慨（主要是利润分成），以说服波特尔搬到比阿特丽斯（邓普斯特公司所在地），结果证明，这样做是值得的。

起死回生

1962 年 4 月，波特尔搬到了比阿特丽斯，主要工作是搞清楚邓普斯特公司亏损的原因，以及裁员。这不是一件容易的事，但必须这么干。巴菲特又雇请了一位新员工比尔·斯科特前往比阿特丽斯，协助波特尔盘点公司库存。这位斯科特先生之前在银行工作，曾经参加过巴菲特的投资课程。除他之外，巴菲特在奥马哈基维特大厦的小小办公室里只有一名员工——公司秘书。

波特尔和斯科特改进了邓普斯特的市场销售策略，他们还卖掉了多余的设备，大幅削减库存，关闭了五个分公司，提高了余下业务的售价（在那些他们是独家供应商的地区，售价提高了 500%），还建立了合适的成本控制系统。此外，裁员 100人，尽管此举遭到了工会和地方的强烈反对。无形之中，盈亏平衡点被降低一半，释放出来的现金被巴菲特用于股票和债券的投资。

在谈起实际采用的解决方案时，波特尔说：

"如何降低库存，使其能达到可提供合理回报的水准，在这个问题上，我是很伤脑筋的。绝望之下，我直接找来一个画家，在最大仓库的墙面上，距离地面 10 英尺的地方，画了一道 6 英寸宽的白线。我叫来工厂主管，告诉他们如果我走进来时，看不见货物堆上的那道白线，就会开除除了运输部门之外的所有人，直到我能看到那道白线。后来，我逐渐将那道白线下移，直到我得到了令人满意的库存周转率为止。"[8]

在这样的管理下，1962 年年初公司库存为 420 万美元，一年之后，仅有大约 160 万美元。另一方面，1961 年 11 月 30 日（邓普斯特公司财报年度终点），公司拥有 16.6 万美元现金以及 231.5 万美元负债，一年后，变成了大约 100 万美元现金和投资（与巴菲特合伙公司买的投资标的一样），负债减少到 25 万美元。1963 年 7 月，股票和债券投资组合增值到了 230 万美元。邓普斯特的主营业务也实现了盈利（巴菲特 1963 年致合伙人的信提到，每股至少价值 16 美元）。

实现投资回报

后来，巴菲特想卖掉这家公司，甚至为此在《华尔街日报》登了广告。比阿特丽斯的居民对于将本地最大用工企业拱手他人的前景感到不安。1963 年夏天，他们一起集资了大约 300 万美元，买下了邓普斯特农机制造公司的运营资产继续经营。于是，留下了一个只有现金和投资的邓普斯特公司的壳子。这样，公司就可以进行清算，给股东分配现金了。其中，巴菲特合伙公司占了 73% 的股份。合伙公司的股票现在值 330 万美元，折合每股 80 美元。巴菲特在邓普斯特这笔投资上赚了 2 倍。

学习要点

1. 商业逻辑是一回事，不被喜欢是另一回事，两者往往无法平衡。

整个比阿特丽斯镇都不喜欢巴菲特，面对抗拒和厌恶，巴菲特充满了恐惧。他发誓，再也不会陷入这种局面——必须对为他工作的人冷酷无情。这就很好地解释了，他为何长期维持伯克希尔公司无利可图的纺织业务；他为何喜欢具有护城河，拥有令人喜欢、信任、尊敬的管理层的公司，因为这些公司可以保持数十年的成长。他倾向于持有这样的公司，无论公司价格的涨跌。巴菲特喜欢长期、积极、正面的关系。

2. 优秀的管理人可以创造奇迹。

巴菲特说："聘请了哈利是我曾经做过的最为重要的管理决策。邓普斯特公司在两个前任经理人手中是个烫手的山芋，银行都觉得公司快破产了。如果邓普斯特垮掉了，我后来的人生和财富与今天会有很大的不同。"[9]

3. 耐心终将得到报偿。

关于这一点，巴菲特本人的描述是最合适的："这是我们的优势，买进股票之后什么都不做，持有数月乃至数年，不理会价格波动。评估我们的绩效需要足够长的时间，我们建议至少是三年。"[10]

4. 发现占用过多股东资本的公司是很重要的。

这样的公司可能资本过剩。哈里·波特尔验证了之前邓普斯特公司占用了太多资本，因为在没有更多集资的情况下，1963年夏天，邓普斯特仅仅利用其60%的资产用于生产，而这完全可以满足生意所需的生产要素。其余的40%可以交给巴菲特投资于市场证券。波特尔在1963年7月给邓普斯特股东的信中谈到了这些："公司里过剩的资本，对管理层创造令人满意回报的努力至关重要。"

5. 买入价格是关键。

如果你的买价足够低，那么你胜出的概率会很大。正如巴菲特所写的："不要指望卖得很高。如果买价足够低，那么即便卖价一般，回报也会不错。"[11]

6. 寻找定价权。

很多公司都拥有隐藏的定价权。邓普斯特公司的高管先前没有足够的勇气，提高他们本来可以提高的价格。在巴菲特的职业生涯中，他经常能发现因客户忠诚度而拥有定价权的公司，这是他的独特能力。

美国运通

(American Express)

投资概要	投资对象	美国运通
	时间	1964～1968 年，巴菲特 33～37 岁
	买入价	均价 71 美元 / 股，总额达 1 300 万美元
	数量	5% 股份
	卖出价	约 180 美元 / 股（共 3 300 万美元）
	利润	2 000 万美元，或 154%

沃伦·巴菲特一直将导师本杰明·格雷厄姆定义投资的要素铭记于心：

◎ 对于一家企业的深入分析。

◎ 安全边际。

◎ 满意回报。

◎ 独立思考，如市场先生的故事中所说的。同时，内在价值的观念也非常重要。

然而，需要留意的是，这些原则可以运用在不同的价值投资策略中。格雷厄姆看重具有较高流动资产的公司，对于安全边际特别敏锐，以避免所投资的公司运营失败。此外，他也会评估公司的盈利能力和盈利的稳定性，以及管理层的能力和诚实品质。

巴菲特依照这些原则投资了很多公司，我们已经看过了他的一些投资案例，如洛克伍德、桑伯恩地图、邓普斯特农机。巴菲特投资其他股票也是按此原则，包括伯克希尔－哈撒韦，在一定程度上是一脉相承。

重要的变化

早在 20 世纪 60 年代初期，巴菲特发现自己分析的很多公司，没有特别强劲的资产负债表，所以无法满足格雷厄姆选股的条件。他还发现，在某些例子中，公司由于拥有强大的经济特许权、稳健的财务状况、诚实能干的管理层，所以具有良好的发展前景。

同时，另外有两个人的思想对巴菲特的影响也很大，一是菲利普·费雪的思想 [12]，另一个是与查理·芒格的日常交流。这并不表示巴菲特开始排斥格雷厄姆的方法，仅仅表明在价值的果园里，有很多种类的甜美的果实。

人们常常在股东大会上向巴菲特和芒格提出很多问题，我听到过的最常见的问题之一是："如果以 100 万美元开始投资，你们会怎么做？"他们的答复是，他们会选择那些小型公司投资，因为那里有更多低估的机会，同时它们的净资产价值更高。

现在，巴菲特和芒格的投资动辄数十亿美元，已经无法投资于小型公司，因为这对于他们整体的表现贡献不大。显然，当投资金额数以亿计的时候，买入并长期持有那些拥有特许经营权的公司更加理性。

小型投资人可以两种路径进行投资：以格雷厄姆价值投资方式投资于小市值公司，以及投资于拥有经济特许权的公司——此类公司多为大型公司。而资金较大的大型投资者无法投资于小型公司，因为他们无法在不明显影响股价的情况下，买入足够数量的股票。

从巴菲特投资美国运通的例子，可以看到他进化后的投资方法。

美国运通

这个故事起源于一个骗子，他买下大豆色拉油，储存在仓库里。这种色拉油在商品市场上每天都有市场报价，所以骗子以色拉油的库存仓单作为质押，从 51 家银行获得了贷款。

美国运通经营仓库储油罐，并出具库存仓单证明色拉油确实存在，并可供交易。很多银行以此为依据，向这个骗子发放了数千万美元的贷款。

你一定能猜到这个故事向何处发展，对吗？揭开这个骗局的线索是，油比水轻，油会漂浮在水上，或者，将油装在一个单独的小罐里，就放在抽样检查的取样口。

这个骗子意识到，如果能让美国运通和其他银行相信，油罐里的色拉油比他实际拥有的更多，他就能借到更多资金。于是，他将大多数油罐注入了海水，只是在海水表面浮了一层真的色拉油。当美国运通和银行派人来检查时，他们会从罐仓里液体的表面取得样本，结果以为油罐里装满了价值不菲的色拉油。

坍塌

1963 年 9 月，骗子的胆子越来越大，以至于他认为自己可以操控市场，而且可以赚大钱。因为当年农作物歉收，苏联需要进口大量色拉油。于是，他动用贷款从经纪商那里融资，买入油料期货。

没想到，美国政府对苏联实施油料禁运，导致价格崩溃。骗子破产了，贷款银行总计损失超过 1.5 亿美元，他们找到美国运通希望得到赔偿。这个消息使得运通的股价断崖式暴跌，从 64 美元跌到 38 美元，分析师们担心公司能否存活下去。

巴菲特的市场调研

20 世纪 60 年代早期，美国运通公司是世界上领先的旅行支票提供商（占有 60% 的市场份额，它的收费也高于竞争对手），同时也是信用卡领域的龙头。巴菲特在奥马哈他最喜欢的一家餐厅进行观察，他发现一般人照常使用美国运通卡付账，完全没有受到华尔街色拉油丑闻影响。

巴菲特又到其他使用信用卡的餐馆和场所观察，发现商家依然接受美国运通卡；他到不同的银行和旅行社，发现人们依然喜欢使用美国运通的旅行支票；他与美国运通的竞争对手交流，发现这些同行依然认为运通是个强有力的对手；他询问一些朋友，在奥马哈之外的地方是否还能使用运通卡和运通的旅行支票，结果是他们依然认可运通的服务，认为华尔街丑闻无关紧要。

由此，巴菲特得出结论：美国运通的经济特许权完好无损。这是一家拥有定价权的公司，因为它在行业内居于支配地位，能通过强有力的品牌和网络抓住客户。

人们仍然信任运通的品牌，尽管它在色拉油事件上栽了跟头，但它凭借着过去的可信度，依然拥有强大的商誉，这是一个竞争优势。同时，人们使用旅行支票时采取预付方式，这为运通创造了巨额的现金浮存金。但是，这却不是一个"格雷厄姆式"的投资，因为美国运通的资产负债表并不强劲，不符合条件。

巴菲特出手

1964 年年初，巴菲特合伙公司的资金达到 1 700 万美元，其中巴菲特的资金有 180 万美元。他在没有明显推高股价的情况下，尽量买入了很多美国运通的股票。到1964年6月，巴菲特合伙公司一共持有将近300万股运通股票。

作为一名股东，巴菲特不希望美国运通在此次丑闻中逃避它的责任，因为他明白这类公司的生死取决于它的声誉（这是公司经营特许权的核心要素）。此时此刻，承担财务责任，保全声誉，是公司更好的选择。于是，巴菲特支持运通与几家银行签署了一份6000万美元的和解方案，美国运通的股价随之迅速回升。

到11月，巴菲特合伙公司已经持有美国运通超过430万股。到1965年年初，这项持股的价值已经超过了合伙公司1/3的资产总值。巴菲特继续买入，到1966年，合伙公司花了1 300万美元持有了美国运通5%的股份。到1967年，运通的股价上升到了180美元/股，在这个价格，巴菲特卖出了大多数持股。

学习要点

1. 分析公司本身。

有时候，短期的麻烦会导致股价下跌，但公司长期的价值并未受到影响。如果市场仅仅关注短期，这时，以便宜的价格购买那些优质公司的机会就会出现，这些公司具有经过市场考验的强有力的特许权和优秀的管理层。

2. 机会出现时要大举投资。

当绝佳的机会出现，一定要投入有分量的资金。在运通的案例中，巴菲特投入的资金量高达可掌控资金的 40%。

3. 传闻研究。

你是否会以聊天的方式进行调研（也就是与知晓内情的人交流）？不要轻信那些坐在金融中心大楼里的分析师的建议。以前，在老式帆船上会有桶装饮用水，那里经常成为大家聚集聊天的地方。大家围着水桶——换个现代的说法，就是饮水机——交流信息，从流言和意见，到评论和事实。菲利普·费雪最擅长这种方式，即走出去与了解公司情况的人交流。对象或许是竞争对手。（例如问：除了你们自己，在这个行业里谁是最棒的？）也可以是公司员工、供应商、顾客，等等。

案例 9

迪士尼
(Disney)

投资概要	投资对象	迪士尼公司
	时间	1966～1967 年，巴菲特 35～36 岁
	买入价	400 万美元
	数量	5% 的公司总股本
	卖出价	620 万美元
	获利	220 万美元，或 55%

1966 年，迪士尼的股价不到上一年度每股盈利的 10 倍，也就是说市盈率低于 10[13]。1965 年，迪士尼的税前利润大约为 2100 万美元，总市值在 8000 万美元到 9000 万美元之间。此外，公司账上的现金多于其负债。华尔街认为，虽然迪士尼最近拍摄的音乐剧《欢乐满人间》（Mary Poppins）非常成功，但接下来却没有发展的后劲，所以公司成长前景有限，股价还可能下滑。

巴菲特的行动

巴菲特调研活动的关键是去电影院，坐在孩子们中间观看《欢乐满人间》。他可以感受到孩子们是如此热爱迪士尼的产品，也可以感受到迪士尼那些老电影的吸引力，人们会一直愿意为迪士尼电影付费，一代又一代。一个完美的例子就是《白雪公主》，电影制作完成，完全收回成本之后，还能一场又一场地放映。每过七年，又会有新一代成长起来的孩子想看这部《白雪公主》。此外，迪士尼还可以将人们热爱的卡通形象运用在不同形式的产品上，从学生书包和 T 恤，到主题公园。并且，米老鼠没有经纪人（不像明星汤姆·克鲁斯），如果有经纪人存在的话，米老鼠和汤姆猫创造的价值或许会被分走不少。

　　巴菲特和芒格还参观了加州的迪士尼乐园，散步其间，他们一起分析那些娱乐设施的价值。巴菲特还会晤了沃尔特·迪士尼，他盛赞沃尔特对娱乐事业的贡献，以及他极富感染力的热情。沃尔特向巴菲特展示了一项刚建成的娱乐设施，名为《加勒比海盗》，仅此一项设施就花费了 1700 万美元，这个数字相当于当时迪士尼公司总市值的 1/5。巴菲特后来开玩笑说："可以想象我是多么激动——一家公司的市值仅仅是一个娱乐设施造价的 5 倍！"[14]

巴菲特的逻辑——费雪和芒格的因素多于格雷厄姆

　　在这个案例中，巴菲特关注更多的是迪士尼公司的无形资产，至于公司资产负债表上的数字，他关注的并不多。他觉得仅仅是这些馆藏电影的价值就已经值回买价，而这些资产并未显现在资产负债表上——这些电影记录在账面的价值为零！ 巴菲特描述他的心路历程如下：

> "1966 年，人们说：'《欢乐满人间》这部音乐剧
> 不错，但明年迪士尼不会再有一部《欢乐满人间》，所
> 以，盈利会下降。'我不担心盈利是否下降，因为你明
> 明知道，七年之后它会再次大卖一次……我的意思是，
> 本质上而言，你每七年能收割一次，而且每一次都可
> 以收更多的钱，没有什么系统比这更好了……我见到
> 了沃尔特·迪士尼先生，我们坐下来聊天，他对我谈
> 及公司的整体计划。他真是一个好得不能再好的人
> 了。说起来很可笑，如果他私下里去找一个大风险投
> 资家，或一家美国大公司，如果迪士尼是一非公众公
> 司，并且他说'我希望你能买这家公司'他们绝对会
> 以 3 亿美元或 4 亿美元的估值买进的。可现实是，这
> 家公司每天用市场报价告诉人们，8000 万美元是个合
> 适的估值。可喜的是，人们对此视而不见，因为它如
> 此熟悉，正所谓近处无风景。这样的事在华尔街周而
> 复始地发生。"[15]

巴菲特合伙公司投了迪士尼公司 400 万美元，占 5% 的股
份。第二年，巴菲特卖掉了这些股票，收回 620 万美元。尽管
这项投资实现了不错的收益，但巴菲特还是卖得太快了。对此，
巴菲特说："（在 1966 年做出的）投资决策是英明无比的，但你
们的董事长（指巴菲特）的愚蠢行为抵消了它所带来的良好成

果（在 1967 年卖掉了）。"[16] 巴菲特说这句话，指的是 1967 年
到 1995 年间，迪士尼的股价上涨了 138 倍（见图 9-1）。

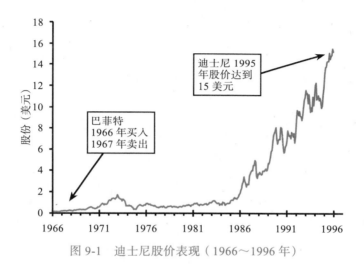

图 9-1　迪士尼股价表现（1966～1996 年）

学习要点

1. 市场先生可能是个笨蛋。

   虽然并不总是如此，但有时候的确如此。着眼长期很重要。机构投资者可能只注重短期。尝试站在公司的角度上思考，一旦眼前的低潮过去之后会怎样。

2. 那种需要少量资本即可不断产生利润的公司是金矿。

   迪士尼可以七年一个周期，将那些受欢迎的经典电影再推介给新一代青少年，在这个过程中需要增加的成本很少。迪士尼可以将它的特许经营权推广到新的形式上，从家庭录像到网络下载，同样在这个过程中边际成本增量很小。这类公司就其使用的资本而言，具有非常高的资本回报率。

3. 聊天的价值。

   巴菲特会晤沃尔特·迪士尼先生，去迪士尼乐园以及到电影院观看迪士尼的影片，以此调研该公司的品牌和产品情况。

4. 在日常生活中观察品质。

   只要留心观察生活，了解一些公司的产品品质或服务素质并不难。

5. 不要太快卖出。

   巴菲特在 1967 年卖掉了迪士尼股票，获利 55%，他后来因此懊恼不已，因为在接下来的数十年里，原本有更多的钱就放在桌子上，等着他去拿。

伯克希尔 – 哈撒韦
(Berkshire Hathaway)

投资概要	投资对象	伯克希尔 – 哈撒韦
	时间	1962 年至今
	买入价	每股 14.86 美元；总市值 1 500 万～1 800 万美元
	数量	最初 7% 股份
	卖出价	如今股价为 24.5 万美元 / 股；总市值超过 4 000 亿美元
	获利	数百亿美元

19 世纪，位于马萨诸塞州新贝德福德地区的哈撒韦公司是一家生意兴旺的棉纺企业。在第一次世界大战期间，由于军队需要大量军服，产品需求旺盛带来公司利润飙升。到了 20 世纪 20 年代，生意被美国南方的廉价劳工抢走了，接下来的大萧条更是雪上加霜，新贝德福德地区的很多工厂都关闭了，企业主带着他们的资金去别的地方投资了。

在一片萧条之中，有一家公司仍继续坚守纺织业，那就是哈撒韦公司。这家公司在战后由西伯里·斯坦顿经营，他再投资 1000 万美元对工厂进行了现代化改造。斯坦顿和他的兄弟奥蒂斯甚至用个人贷款作为企业的投资资本。

后来，哈撒韦公司进入人工纤维领域，如人造丝，成为男士服装内衬的主要生产者，它还涉足时装和窗饰领域。但是它还是缺乏竞争优势，因为它无法阻止这个市场的新闯入者。最令人沮丧的闯入者来自远东地区，因为他们的成本更低。然而，西伯里·斯坦顿非但没有从公司里抽回资金，反而在压力倍增之际坚守纺织业务。1955 年，通过将哈撒韦公司与伯克希尔细纺公司合并，他将公司扩大了一倍。

伯克希尔

伯克希尔是位于新英格兰地区的另一家纺织公司，由蔡斯家族控制超过 150 年，这家公司生产基础的纺织品（以制造床单、衬衫、手帕等）。马尔科姆·蔡斯自 1931 年以来一直掌管伯克希尔公司，但是到了 1955 年，他伤心地发现在新英格兰再投资多少钱到纺织业上也是徒劳，投得越多，亏得也越多。

斯坦顿与蔡斯相反，他仍然相信团队的管理能力，并且对于两个公司合并之后强劲的资产负债表感到安心。伯克希尔与哈撒韦合并之后，斯坦顿担任总裁，马尔科姆·蔡斯担任董事长。合并之后的公司拥有超过 1 万名员工，14 个工厂，销售额一度达到 1.12 亿美元。斯坦顿还订购了新的纺锤，组装了新织布机。

然而，斯坦顿的信心放错了地方，在接下来的十年中，纺织行业越来越不景气了。

1955 年之后的下滑

我曾经与巴菲特和芒格一起，我们三人一同看了这个时期伯克希尔 – 哈撒韦的资产负债表。芒格说 20 世纪 60 年代的公司可真是小（当时，巴菲特刚刚接手伯克希尔公司）。巴菲特俯下身看了看说："那是 1955 年的资产负债表！"并且指着另一页说："这才是 1964 年的，这个规模就更小了。"

表 10-1 显示了 1955 年伯克希尔 – 哈撒韦公司资产负债表的概况，也就是我给芒格和巴菲特看时，芒格说小的那一个。

表 10-1　伯克希尔 – 哈撒韦资产负债表（1955 年 9 月）

资产（美元）	
现金	4 169 000
可变现证券	4 580 000
应收账款和存货	28 918 000
物业、厂房和设备	16 656 000
其他资产	1 125 000
负债（美元）	
应付账款和预提费用	–4 048 000
股东权益	
（总股本 2 294 564 股，账面价值每股 22.40 美元）	51 400 000
1955 年年初的股价	约 14～15 美元
总市值	约 3 200 万美元

1955年之后的9年，公司营收达到了5.3亿美元，但是却发生了亏损。在这9年时间里，公司资产负债表缩水一半。请见表10-2。

表10-2 伯克希尔-哈撒韦公司净资产缩水一半（1955~1964年）（单位：美元）

股东权益（1955年9月30日）	51 400 000
资本盈余增加	888 000
1956年到1964年净亏损总计	-10 138 000
1956年到1964年现金分红	-6 929 000
回购股份	-13 082 000
股东权益（1964年10月3日）	22 139 000

导致资产缩水的部分原因是运营亏损，但更主要的原因是给股东的分红和股份回购。公司支付了1300万美元现金回购，回购的股份略多于总股本的一半。表10-3显示了1964年10月资产负债表的概况。

表10-3 伯克希尔-哈撒韦资产负债表（1964年10月）

资产（美元）	
现金	920 000
应收账款和存货	19 140 000
物业、厂房和设备	7 571 000
其他资产	256 000
负债（美元）	
应付账款和预提费用	-3 248 000
负债：应付票据	-2 500 000
股东权益	
（总股本1 137 778股，账面价值每股19.46美元）	22 139 000

西伯里·斯坦顿的兄弟奥蒂斯并不认同对纺织业再进行投入的策略，这造成了二人之间的关系紧张，尤其是西伯里的儿子、没有任何经验的杰克被提拔为公司的财务主管，这被视为杰克最终会成为公司总裁的信号。蔡斯家族和奥蒂斯都认为杰克是个糟糕的人选，于是开始寻找替代人选。

伯克希尔的纺织业务与纽约的犹太家族有着长期的默契合作，他们专做伯克希尔工厂纺织产品的后期整理（染色加工），但是霸道的西伯里打破了与纽约犹太家族的默契，他扩展业务的决定是毁灭性的。西伯里决定自己设立工厂进行产品的后期整理，直接与这些犹太家族竞争。从事纺织品加工和服装制造的犹太商人不高兴了，于是来自纽约的订单减少，这令伯克希尔的业务雪上加霜，每况愈下。

20世纪50年代末期，以及60年代初期，纺织行业越来越不景气，以至于西伯里·斯坦顿都同意将不盈利的工厂关闭以减少现金压力。在1961年之前的6年中，14个工厂中有一半被关闭，员工人数减少至5800人。1962年，伯克希尔 - 哈撒韦公司亏损220万美元，股价跌到8美元以下，公司市值不足1300万美元。

巴菲特一个"里程碑式的愚蠢"决定

早在20世纪50年代中期，本杰明·格雷厄姆和他的搭档杰里·纽曼就对伯克希尔 - 哈撒韦（BH）进行了非常认真地研究。毕竟，该公司股价贴近其每股净流动资产价值，而这正是他们寻找标的的一个重要标准。巴菲特在 1955 年公司合并之后也远远观望着，直到 1962 年 12 月伯克希尔的股价跌到 7.50 美元，他才透过巴菲特合伙公司出手买了一些。那时，伯克希尔 – 哈撒韦每股运营资本为 10.25 美元，每股账面价值为 20.20 美元，营业额为 6000 万美元，工厂关闭到只剩 5 间。（巴菲特 2014 年致股东的信披露）

由于伯克希尔 – 哈撒韦股价持续低于其净流动资产价值，巴菲特买进了更多。当时，巴菲特并没有接管公司的想法，他采取的是典型的格雷厄姆式捡烟蒂投资法——股票价格便宜之极，以至于绩效稍有波动，或出现一个热情的买家，就能获利了结。正如巴菲特所言："在大街上捡到的雪茄烟头，可能只剩下一口烟可以吸，但'便宜的买价'却令其有利可图。"[17]

西伯里·斯坦顿在继续关闭工厂，释放现金进行股票回购。巴菲特的计划是从下一波的回购中获利。没过多久，又有两家工厂关闭，预期可能回购更多股份。

决定性的回购

斯坦顿决定在 1964 年春天完成一次股票回购。伯克希尔 – 哈撒韦当时的总股本是 1 583 680 股，巴菲特合伙公司持有该公司 7% 的股份。在发出回购公告之前，斯坦顿询问过巴菲特，愿意以什么样的价格出售持股。巴菲特告诉他 11.5 美元，这比合伙公司买入价高 50%。巴菲特后来回忆说："这正是那免费的一口烟，享受完这个之后，我打算继续寻找下一个被丢弃的烟头。"[18]

"好的，成交！"斯坦顿说。但是几天之后，1964 年 5 月 6 日，斯坦顿给所有股东发出一封信，愿意回购 225 000 股，但出价是每股 11.375 美元。这比他答应巴菲特的价格低了 1/8 美元。

巴菲特说："我被斯坦顿的行为激怒了，没有接受他的出价。"[19] 他后来发现，这是一个极为愚蠢的决定——纺织行业依然以恐怖的速度下滑，伯克希尔依然可能继续亏损。当时，明智的做法是坚持原计划，迅速获利了结。但是巴菲特没有这么做，斯坦顿的欺骗惹怒了巴菲特，他非但没有卖出股票，反而买入更多，而且是非常激进地买入，平均的买入价是 14.86 美元。巴菲特后来评价当时的情况说："1965 年年初买入的数量非常大。伯克希尔在 1965 年 12 月仅净运营资本这一项，便达到每股 19 美元。"[20]

巴菲特买入的伯克希尔股票，有的来自斯坦顿的妹夫，有的来自马尔科姆·蔡斯（公司董事长）。到 1965 年 4 月，巴菲特已经累计持有了公司总股本 1 017 547 股中的 392 633 股。5 月，他以 38.6% 的持股控制了伯克希尔董事会（当时，公司总市值约为 1800 万美元）。

如今看到巴菲特是如何描述当初的这一幕会很有趣："看看斯坦顿和我的幼稚行为，毕竟，那 1/8 美元的差价对我们中的任何一个有何影响呢？他丢了工作，而我发现自己将合伙公司里超过 25% 的资金投在了一个几乎一无所知的糟糕生意里。"[21]

伯克希尔的每一分钱都必须用于维持纺织业务，它没有富余的资金，此外还背负着 250 万美元的负债。在 1998 年 7 月 20 日《财富》杂志的文章里，巴菲特说："我们因为贪便宜而介入了一个糟糕企业。"他还说，原先推测公司会有很多运营资本，后来才知道只是一场幻觉。伯克希尔不但是一个雪茄烟蒂，而且是一个索然无味的雪茄烟蒂。一家本没有希望的公司，巴菲特却最终将其打造成为一个企业帝国！

今天，伯克希尔 - 哈撒韦公司已成为世界上规模最大的企业之一（1965 年的 1200 名股东，在巴菲特接管公司 20 年后，很多都成为了百万富翁）。一路走来，这是一个令很多人着迷的故事，有着很多实用的经验与教训，我们会一一展现。我们首先会讲到巴菲特如何发现合适的领导人，以及赋予对方完全的信任。

1965 年，伯克希尔的关键人物不是巴菲特，而是一个从基层打拼上来的制造业经理人，这个人对巴菲特融入公司起到了至关重要的作用，也让他有时间规划必要的公司转型。

造访公司总部

作为公司最大股东的代表，巴菲特受邀参观工厂（这是在

1965 年 5 月公司改组董事会之前）。杰克·斯坦顿给巴菲特看了一些公司的财务数据，但是因为太忙没有带他参观工厂。这绝对是一个巨大的失误！

肯·蔡斯（与伯克希尔董事长马尔科姆·蔡斯家族没有亲戚关系）被安排带着巴菲特四处看看。蔡斯是个 40 多岁谦逊朴实的经理人，他一步一个脚印从基层走到了公司制造总监的位置。奥蒂斯·斯坦顿和马尔科姆·蔡斯已经私下里指定他为公司新一任 CEO 人选。

蔡斯和巴菲特陆陆续续聊了两天时间，巴菲特希望了解公司各个方面的情况，对于如何解决公司盈利能力低下的问题尤其感兴趣。他希望了解公司所有的问题，以及肯·蔡斯相应的解决方案。在交流中，蔡斯的坦率深深吸引了巴菲特。

经历过邓普斯特农机公司事件之后，巴菲特深知，陷入困境的企业，只有由合适的人来领导，才可能成功。这个人既要具备工作能力，又要具备心怀股东利益的诚实品质。巴菲特认定，谦逊的肯·蔡斯正是他要找的人。

但蔡斯另有打算

但肯·蔡斯已经在另找工作了，因为他痛苦地意识到伯克希尔－哈撒韦毫无前途可言。他已经与一家同行公司谈过了，打算加入他们。

斯坦利·鲁宾是伯克希尔公司负责销售的副总裁，他认识巴菲特，也了解到或猜到巴菲特不久之后会接管公司。他也推测在接管之后，巴菲特会让肯·蔡斯主持工作。于是，他在1965年年初给肯·蔡斯打电话，恳请他不要离职。1965年4月，蔡斯和巴菲特在纽约会面，两人谈了十分钟，巴菲特告诉蔡斯，希望他担任伯克希尔-哈撒韦总裁。巴菲特说自己已经持有了足够多的股份，可以在下一次董事会上接管公司控制权，但请蔡斯在此之前对谈话内容保密。

巴菲特表明，蔡斯可全权管理企业运营，他不会参与日常管理。的确，巴菲特在他所控制的公司中，一般会扮演三重角色：

（1）资本配置；

（2）选择重要的经理人，思考合适的激励措施；

（3）鼓励工作出色的经理人。他不需要日常会议或简报，但他喜欢阅读来自运营单位的数字。

巴菲特已经说服了很多老伯克希尔的蔡斯家族成员将股票出售给自己。奥蒂斯也同意将自己的股票出售给他，条件是巴菲特给他的价格必须与给他哥哥西伯里的一样。到1965年春天，伯克希尔的工厂已经只剩下两个，还有2 300名工人。在5月的董事会上，西伯里·斯坦顿辞职，带着儿子杰克愤然离开。肯·蔡斯被选为总裁。奥蒂斯·斯坦顿投票赞同，并继续留任董事会。数年之后，巴菲特合伙公司已经拥有了伯克希尔接近70%的股份。

但面对一个士气低落、行业衰败的新英格兰小纺织公司，你能做什么呢？这真是一个难题。

伯克希尔-哈撒韦：一个老板、一个总裁和一个不赚钱的生意

1965 年，巴菲特必须专心管理以奥马哈为基地的合伙投资公司。尽管合伙公司已经投资了很大比例的资金给伯克希尔-哈撒韦公司，但他仍然必须研究数以百计的其他公司，从中挑选投资对象。

巴菲特对于如何管理一家纺织企业毫无头绪，但是他有一个好帮手——肯·蔡斯。蔡斯生在新贝德福德，长在新贝德福德，并且将自己的整个人生都投入了这个行业，他现在是伯克希尔总裁。而沃伦·巴菲特是执行委员会主席，是公司真正的老板（马尔科姆·蔡斯继续留任公司董事长）。

随后，巴菲特通过八个步骤重组了伯克希尔，这八个步骤如下：

1. 摆脱清盘者恶名

在邓普斯特投资案中，巴菲特关闭了工厂，令上百人失业，比阿特丽斯人因此憎恶他。这使得巴菲特的内心深受伤害。

在接手伯克希尔之后，巴菲特立刻向新贝德福德的媒体宣布，公司将照常运营，不会关闭工厂。幸运的是，伯克希尔-

哈撒韦恰好赶上了当时人造纤维带动的行业复苏，看起来好像要东山再起了，并且这种繁荣一直持续了两年。不过，也就是两年！

2. 授权

巴菲特信守诺言：所有与工厂运营有关的事情，均由肯·蔡斯全权负责。巴菲特的工作就是管好资金。

3. 激励措施

巴菲特不喜欢用期权作为奖励方式，因为这种方式不承担下跌的风险，它实际上是鼓励管理层用股东的钱去赌博。取而代之的是，他给肯·蔡斯提供了一个购买1000股股票的机会。蔡斯当时的年薪只有3万美元，没有足够的钱买这些股票。巴菲特提议借给他1.8万美元，蔡斯接受了这个提议。蔡斯凭着实力证明了自己的忠诚可靠，无论是作为一个职业经理人，还是对他的老板巴菲特。巴菲特现在可以用这家小公司做些伟大的事了。

4. 关注资本回报

巴菲特对蔡斯说，他并不是特别关心工厂的产量，也不关心销售金额或市场份额，而且仅仅关注利润也不完全是设定企业目标的恰当方式。

这其中的逻辑是，如果不考虑投入了多少股东资本，而仅仅看利润规模，是不够充分的。换而言之，使用了多少资本而产生了多少回报，这才是真正重要的。肯·蔡斯的工作会以这个标准来评估。

巴菲特谈起这个观点时说："我宁愿要一个回报 15% 的 1000 万美元的生意，也不要一个回报 5% 的 1 亿美元的生意。我还有其他地方投钱。"[22]

5. 释放现金

巴菲特明确表示，公司现有的现金并没有为伯克希尔创造足够的回报。蔡斯的任务是尽可能多的释放现金，越多越好。与此相应，蔡斯被要求每月上报财务报表。

6. 尽早报告坏消息

蔡斯被要求，一旦有不利的消息出现，要立即向巴菲特报告。

7. 赞扬关键人员

人们会对激励做出反应，如果他们做得好，就理应得到表扬。巴菲特从来不会忘记表扬那些工作出色的经理人。在 1966 年致合伙人的信中，巴菲特解释了对伯克希尔的投资，他对合伙人说："拥有优秀的管理层，这是伯克希尔值得拥有的原因……我们幸运之极，能够拥有肯·蔡斯这样一流的人才管理公司，我们还拥有几位业内最好的销售人才，他们领导着公司的各个部门。"

8. 巴菲特是唯一的资本配置者

考虑到伯克希尔公司历史上投资了很多资金到纺织业务中，巴菲特必须拥有对资金的控制权。凭借对其他行业的了解，他可以在更大范围内进行资本配置，把资金投在好的投资标的上。

最初的两年

在巴菲特掌管伯克希尔最初的两年里，公司是盈利的。尽管肯·蔡斯拿着看起来不错的规划项目来找巴菲特，但最终投入到工厂的资金很少。鉴于伯克希尔-哈撒韦糟糕的历史平均回报，巴菲特也并不看好未来回报。

蔡斯设法完成他的工作，从库存和非流动资产中释放出现金。公司开始有一点分红，后来就取消了，因为不分红可以节省现金。

有些业务部门亏损得太厉害，继续运营下去是愚蠢的，每一个明眼人都能看出来，例如占了公司近 10% 产量的精纺棉部门。该部门后来被关停，数以百计的工人也失去了工作。

到 1967 年年初，伯克希尔已经积累了相当的现金，1966年的年度报告披露了公司未来收入的潜在来源："公司一直在寻找合适的收购对象，范围不局限于纺织行业。"我们在下一章会看到一个出色的收购案例。

学习要点

1. 拒绝情绪化。

巴菲特的愤怒导致他控制了一家衰落的公司 70% 的股份。他必须奋力求生，还好他干得不错，运气也非常好，结局很完美。但是，如果他开始收购的是一家有前途的公司，应该会干得更好。

2. 高质量的管理和忠诚至关重要。

经营企业最聪明的方法，就是激励重要人员的积极性，将经营目标和财务奖励措施挂钩，而且方案要简单（几句话就行，根本无须劳烦所谓薪酬顾问准备长篇累牍的激励报告），只要他们能好好为股东利益服务。

3. 重新配置资本。

一家公司不必拘泥于仅投资自己所在的行业，其他行业或许有回报率更高的机会。

4. 善待所有打交道的人。

在 1965 年之后的 20 年里，有很多次伯克希尔应该做出冷酷无情的理性行为，关闭工厂，将资金用于回报更高的投资上。但巴菲特长期坚持经营纺织厂，不愿意轻易解雇员工。他的正直与生俱来、发自本性，并非受外界影响，这也是公司非常重要的资产。

很多打算出售企业的家族在伯克希尔的大家庭中受到欢迎：永续经营、长期价值观、诚实，在这里始终都是重要的信条；资产剥离，以及其他形式的短期逐利，在这里是令人反感的。几十家公司的家族成员依然在忠诚地管理着这些公司，尽管几十年前他们已经将公司卖给了伯克希尔。他们都已经成为亿万富翁，但他们喜欢与朋友巴菲特在一起，因为巴菲特给了他们工作的自由、尊重、赞美以及使命感。

案例 11

国民赔偿保险公司
(National Indemnity Insurance)

投资概要	投资对象	国民赔偿保险公司
	时间	1967 年至今
	买入价	860 万美元
	数量	整个公司
	卖出价	目前价值数十亿美元
	获利	数十亿美元

让我们来梳理一下进度，现在已经讲到了 1965～1967 年这段时间，巴菲特合伙公司的资金达到了 3000 万美元到 6000 万美元的规模。由于巴菲特收取的管理费会再投入合伙公司里，所以巴菲特的个人资产在合伙公司大约占到了 1/5。

伯克希尔－哈撒韦公司只能生产同质化的纺织品，说它是一家糟糕的企业也不为过，而巴菲特合伙公司已成为这家企业的大股东。当时，伯克希尔的净资产约为 2200 万美元，其市值与净资产值差不多。在这期间，伯克希尔想方设法地创造了一些利润，但巴菲特非常清楚，长期而言，这家公司永远不可能提供令人满意的回报。

巴菲特指示，在得到他的许可之前，不准对纺织业务进行任何新增投资。此外，他还指示，在可以维持工厂开工的情况下，尽可能压缩存货和应收账款，以节省现金。只要工厂的管理层和工人们愿意尽力产生利润，巴菲特是不愿关闭工厂的。这种情况一直维持了 20 年之久。

巴菲特将大部分时间投入在为合伙公司的资金寻找新的投资方向上，但他也必须关心伯克希尔的出路。他定期与总裁肯·蔡斯通电话，讨论在伯克希尔的运营中，什么地方还能再开源节流。

杰克·林沃尔特

20 世纪 50 年代，在巴菲特合伙公司成立初期，巴菲特就接触过一位家喻户晓的奥马哈名人，并鼓动他投了一些资金。这个人就是杰克·林沃尔特，他白手起家创建了一家保险公司。尽管当时的巴菲特看起来像一个十几岁的少年，林沃尔特还是打算投资他 1 万美元。但巴菲特拒绝了，因为巴菲特认为他至少应该投 5 万美元，少于这个数字，他不会接受！

林沃尔特没有读完大学，但他是一个精明的商人，他说："如果你认为我会将 5 万美元交给一个毛头小伙子，那你简直比我想的还要疯狂。"[23] 他打消了投 1 万美元的念头。多年以后，他反思这 5 万美元如果交给巴菲特会有怎样的结局？得到的结论是：20 年时间，他的 5 万美元会达到 200 万美元。

从 20 世纪 50 年代到 60 年代初期，巴菲特只是远远地观察着林沃尔特的国民赔偿保险公司，眼看公司变得越来越强大。最终，在 1967 年 2 月，巴菲特终于登上了这艘快船，有机会参与这家优秀公司的未来成长。这项投资使得伯克希尔－哈撒韦公司踏上转型之路，开始向伟大进发。

1967 年的国民赔偿保险公司

1940 年，杰克·林沃尔特和他的兄弟亚瑟·林沃尔特一起创办了国民赔偿保险公司（NICO），因为他发现奥马哈当地的两家出租车公司没有地方可以买到责任保险。国民赔偿保险公司成立之初只有四名员工，包括林沃尔特兄弟二人。他们看到了在非标风险方面提供保险产品的巨大潜力，因为那些保险业巨头对这些非标风险避而远之。每一个合理的风险总有一个合适的溢价，这个哲学被引用在杰克·林沃尔特的格言里："没有坏的风险，只有坏的费率。"

他的意思是对于投保风险较高的类别，如长途运输卡车、出租车、租赁车或公共汽车，只要保费高到足以覆盖其风险，它们就是好生意，不应该轻易拒绝。因此，国民赔偿保险公司不仅承保车辆，还承保一些相当不寻常的对象，包括：

◎ 马戏团的驯兽员和其他表演者。

◎ 舞蹈明星的腿。

◎ 电台寻宝——如果有人根据神秘线索发现了隐藏的物品，保险公司负责掏钱。

杰克·林沃尔特素以极其节俭而闻名，如随手关灯，以及他从来不穿西装去吃午餐，以免支付衣帽间存衣服的小费。这些都是真正的价值追求者的天性，毫无疑问，林沃尔特正是巴菲特喜欢的那一类人。林沃尔特在其他方面也有可爱之处，比如他的智慧和商业知识，他知道什么时候该冒险、什么时候该撤退，时机总能把握得很好。就这样，林沃尔特和巴菲特成了好朋友。

1967年2月，国民赔偿保险公司承保了很多业务，它的浮存金达到了1 730万美元。这些资金以保费的形式预先收取，尚未用来支付理赔和运营费用。

如果保费持续流入，而承保原则坚持不变（也就是保单没有被低价出售），那么保险浮存金会维持在1730万美元，甚至继续增长。

林沃尔特认为自己是个投资高手，想为公司浮存金寻找投资的地方，以便为公司多提供一个收入来源。巴菲特认为自己会干得比林沃尔特更好，他发现如果公司的承保业务只要盈亏平衡，甚至小幅亏损，只要他能动用一部分浮存金进行股票投资，就能赚钱。

　　像以往一样，巴菲特觉得有必要扩大他的能力圈，将保险行业揽入怀中。于是，他花了很多时间泡在图书馆里，研究保险运营的机制和逻辑。最终，他找到林沃尔特，打算说服他将保险公司卖给自己。

收购国民赔偿保险公司

　　如果不是另外一个奥马哈人——查尔斯·海德的出现，或许国民赔偿保险公司的交易就不会发生了。海德是奥马哈当地的一位股票经纪人，20 世纪 50 年代初，他与巴菲特是竞争对手，他们各自游说有钱的客户通过自己所在的证券经纪公司交易股票。

　　海德非常欣赏巴菲特，也是巴菲特合伙公司最早的合伙人之一。在 60 年代巴菲特刚刚起步之时，海德在奥马哈已经是很受尊重的市场人士了。他们时不时在一起讨论，有一次就谈到国民赔偿保险公司，因为海德是该公司的董事。他告诉巴菲特，有几次，客户索赔发生了令人不悦的状况，林沃尔特非常恼火，当时，他都想不干了，想将整个公司卖掉。但海德也提到，林沃尔特的这种恼火，通常每年只出现 15 分钟。

　　说者无心，听者有意，这个消息对于巴菲特而言，如闻仙乐。他告诉海德，下一次林沃尔特发火想卖公司的时候，就打电话告诉他。同时，巴菲特也请林沃尔特把寄给外部小股东的信息顺便寄给他。林沃尔特误以为巴菲特只是想巴结自己，显示一下对 NICO 管理浮存金投资的兴趣而已。他以为巴菲特是想从他这里知道公司买了什么股票，所以答应了巴菲特的要求。实际上，巴菲特真正感兴趣的是公司如何运营，他从林沃尔特发给他的资料中了解了公司多年以来的历史情况。

1967 年 2 月

查尔斯·海德在股票大宗交易方面名气很大。1967 年年初，他收到杰克·林沃尔特打来的一个电话，问他是否能为国民赔偿保险公司找到一个买家，公司售价为 1000 万美元。于是，按照之前的承诺，海德立刻将这个消息告诉了好友沃伦·巴菲特。在那个非同寻常的下午，一场会议召开了。会议很短，因为林沃尔特正准备回家，第二天他还要出去度假。关于公司出售事宜，巴菲特问了如下几个问题：

巴菲特："为什么你之前不愿意出售公司？"

林沃尔特："因为都是骗子和破产的人想要它。"

巴菲特："还有别的原因吗？"

林沃尔特："我不希望其他股东得到的每股报价比我的低。"

巴菲特："还有别的原因吗?"

林沃尔特："我不想出卖我的保险经纪人。"

巴菲特："还有吗?"

林沃尔特："我不希望我的员工担心失去工作。"

巴菲特："还有吗?"

林沃尔特："我为这家公司是一家奥马哈的公司而感到自豪,我希望它能继续留在奥马哈。"

巴菲特："还有吗?"

林沃尔特："我不知道,这些还不够吗?"

巴菲特："你的股票值多少?"

林沃尔特："《世界先驱报》(奥马哈当地的报纸)上的每股市价为 33 美元,但实际上每股价值 50 美元。"

巴菲特："好吧。我要了。"[24]

林沃尔特没有预料到这样的结果,他根本没想到巴菲特想买下公司。他冷静下来,回想了一遍,或许他并不太确定是否真的打算卖掉公司。林沃尔特后来回忆道:"然而我想,至少巴菲特拥有诚实的名声,财务实力上也没有问题,这样看来,卖给巴菲特或许不是一个坏主意。此外,我觉得等我从佛罗里达度假回来的时候，或许他会改变主意。"[25]

但是，巴菲特这边心意已决。一周时间，他已经准备好了交易文件（一份只有一页纸的合同），并且准备好资金准备支付，他不想有任何拖延，以免林沃尔特改变主意。其实，巴菲特料到林沃尔特已经改变心意，但他同时也了解林沃尔特是个言而有信的人，不会轻易食言——尽管林沃尔特闪念之间曾试图阻止巴菲特收购。

林沃尔特度假回来没多久就签了合同，他晚了十分钟出席会议。从那以后，有个笑话说，他迟到是因为开车兜圈子找还有剩余时间的计时停车咪表（据说这样停车可以免费）。总之，林沃尔特是一个极其节俭的家伙。据传说，实际上当时他仍然不太确定是否真的想卖公司。伯克希尔－哈撒韦最终以 860 万美元买下了国民赔偿保险公司。

巴菲特接手国民赔偿保险公司

如何留住有才能、有经验的人才，巴菲特在这方面非常在行。他不在意他们是否上了年纪，因为经理人的知识眼界、判断力，以及人脉资源对于一个公司的成功至关重要。此外，巴菲特还有很多投资需要考虑，他不可能管理任何一个子公司每天的运营细节。

于是，他说服了杰克·林沃尔特留在公司继续工作。巴菲特没有亏待他，支付了很高的报酬，也进一步加深了彼此的友谊。林沃尔特刚开始以为留任只是一个 30 天的过渡期，没想到这一留就是六年之久。他说："我发现巴菲特是个深思熟虑的董事长，我在公司继续留任超过了六年，那时我已经远远超过了正常的 65 岁退休年龄。²⁶"林沃尔特还做了一件极其明智的事，他用卖掉国民赔偿保险公司的部分资金买了一些伯克希尔－哈撒韦的股票，这又为他赚了不少。

那么，国民赔偿保险公司是否具有竞争优势呢？

在思考这家公司的竞争优势时，让我们看看 2004 年巴菲特给伯克希尔－哈撒韦股东的信里是怎么说的：

"我们买下这家公司的时候，这家做商业车险和一般责任保险的公司，并未显现出任何与其他公司不同的、能够克服业内痼疾的特征。该公司并不出名，也不具备信息优势（甚至从来没有精算师），运营成本也不低，通过一般经纪人队伍销售保单，这被很多人认为是一种过时的方法。不过，在过去的 38 年，几乎每一年，国民赔偿保险公司都表现出色。必须承认，如果当年我们没有做这项收购，伯克希尔今天的价值能有一半就已经算是走运了。

我们所拥有的，是大多数保险公司无法复制的管理思维。（请见表 11-1。）

一个律己保险商的肖像

表 11-1　国民赔偿保险公司

年　度	保费收入 （百万美元）	年末雇员人数 （人）	运营成本与保费 收入比（%）	承保利（损） 与保费比（%）
1980	79.6	372	32.3	8.2
1981	59.9	353	36.1	（0.8）
1982	52.5	323	36.7	（15.3）
1983	58.2	308	35.6	（18.7）
1984	62.2	342	35.5	（17.0）
1985	160.7	380	28.0	1.9
1986	366.2	403	25.9	30.7
1987	232.3	368	29.5	27.3
1988	139.9	347	31.7	24.8
1989	98.4	320	35.9	14.8
1990	87.8	289	37.4	7.0
1991	88.3	284	35.7	13.0
1992	82.7	277	37.9	5.2
1993	86.8	279	36.1	11.3
1994	85.9	263	34.6	4.6
1995	78.0	258	36.6	9.2
1996	74.0	243	36.5	6.8
1997	65.3	240	40.4	6.2
1998	56.8	231	40.4	9.4
1999	54.5	222	41.2	4.5
2000	68.1	230	38.4	2.9
2001	161.3	254	28.8	（11.6）
2002	343.5	313	24.0	16.8
2003	594.5	337	22.2	18.1
2004	605.6	340	22.5	5.1

"你能想象有哪家上市公司能接受我们所经历的，从 1986 年到 1999 年的收入下滑吗？必须强调的是，营业收入的巨幅下滑，并不是因为生意难做。如果我们愿意降价，会有数十亿美元的保费等待我们去承揽，可以大大增加营收。但是，我们坚持以稳定的价格获得利润，不像大多数乐观的同行那样低价竞争。我们从未离开客户，是客户离开我们。"

对巴菲特的上述文字展开一下：很多保险公司发生亏损是因为他们没有遵从商业规律。他们大幅降低保费以争夺更多的市场份额。他们依靠庞大的销售队伍推动业务增长。这使保险利润陷入盈亏交错的循环中，因为低价倾销的保单通常定价不合理，从而导致保险公司亏损倒闭，或被迫转型。最终，保险行业整体保费提高，于是开始另一轮循环。

巴菲特致力于打破这种痼疾，他说如果自己的保险公司是因为不愿意跟同行低价竞争，从而导致生意下滑，他不会因此而强制裁员。这样做，当然要付出短期的代价，但是培养了公司注重长期利润的文化，这一点具有非凡的价值。国民赔偿保险公司严格恪守承保纪律，这意味着，该公司的浮存金成本为零，因为公司的承保业务多年以来，一直有利可图，或仅仅发生小幅亏损。

保险业务提供的浮存金不断增加，加上巴菲特运用浮存金投资的能力，这两者是成功的重要因素。正如巴菲特所言，伯克希尔－哈撒韦旗下的大多数业务是保险公司，并非偶然。

严重的失策

巴菲特认为，他投资国民赔偿保险公司的交易方式，是比购买伯克希尔－哈撒韦更为严重的错误，他说："这是我生涯中代价最大的（错误）。"这句自责（写在 2004 年巴菲特致股东的信中）需要做一些解释。理解这其中逻辑的关键，是他的主要责任是对合伙人负责，巴菲特对此非常在意。合伙公司的资金 100% 属于合伙人，如果这些资金用于购买物有所值的标的，那么全体合伙人会获得 100% 的好处。所以，如果国民赔偿保险公司是一项不错的投资，巴菲特说服卖家全部出售，以巴菲特合伙公司接手，那么全体合伙人就享有这家公司的全部收益（当然，要减去巴菲特的管理费）。

而巴菲特的失误在这里：他没有通过合伙公司直接收购国民赔偿保险公司，而是通过伯克希尔－哈撒韦公司收购。1967 年 2 月，巴菲特合伙公司持有 61% 的伯克希尔公司股份。这意味着有 39% 的国民赔偿保险公司的价值，流入了合伙人之外的其他人手里。

"那么，为什么我不直接用巴菲特合伙公司买 NICO，而用伯克希尔买？这个问题，我思考了 48 年，也没有得到答案。我犯了一个巨大的错误……我选择用一个持有 61% 股份的糟糕公司（BH），与一个优秀公司（NICO）结合，并持有后者 100% 的股份。这个决策最终导致巴菲特合伙公司的全体合伙人，将大约 1 000 亿美元的价值，转手送给了一群陌生人。"[27]

好的一面是，巴菲特让这些"陌生人"（伯克希尔的其他股东）赚了很多钱，也让合伙公司的合伙人赚了很多钱。此外，投资国民赔偿保险公司也成为闻名于世的成功故事。

学习要点

1. 在收购一家公司之前，应该做好观察数年的准备。

   认真分析该公司，将其放在观察名单上，在心中衡量其价值。一旦机会出现，就可以做出心中有数的出击。如果没有机会出现，就将资金用于其他地方，投资于那些具有安全边际的目标。

2. 保险公司的浮存金可以用于投资赚钱。

   即便公司的承保业务仅仅处于盈亏平衡点，或是略有亏损，也不成问题。对自己的投资水平有信心的人，可以多收购几家保险公司以获得更多的浮存金。这正是巴菲特做的事情。

3. 长期持有优秀公司。

   国民赔偿保险公司的最初业务一直被保留下来，并持续了50年。巴菲特从来没有想过出售它，它依然生意兴隆，只不过它的光芒被掩盖在集团再保险业务的巨大成功之下（再保险公司为保险公司提供保险）。

霍希尔德 – 科恩公司
(Hochschild-Kohn)

	投资对象	霍希尔德 – 科恩公司
投	时间	1966～1969 年
资	买入价	480 万美元
概	数量	80% 的公司总股本
要	卖出价	400 万美元
	获利 / 亏损	亏损 80 万美元

20 世纪 60 年代后期，30 多岁的巴菲特已经成为百万富翁。多年以来，他管理着投资合伙公司，回报超过 6% 的部分，巴菲特可以获得 25% 的业绩管理费。他每年的平均回报率为 30% 左右，管理的资金规模也渐渐成长到了 5000 万美元。就这样，巴菲特既能让他的合伙人开心赚钱，自己每年也能赚取上百万美元。

巴菲特一般都会将业绩管理费收入再次投入合伙公司，这样，年复一年，他在合伙公司里持有的比重越来越大。合伙公司仍持有苦苦挣扎之中的伯克希尔 70% 股份，现在伯克希尔以 860 万美元收购了国民赔偿保险公司。同时，巴菲特坚决限制伯克希尔对纺织业务加大投资。

被巴菲特合伙公司掌控大多数或全部股权的公司，不是只有伯克希尔－哈撒韦一家，这期间还有另外一项重大投资：收购霍希尔德－科恩公司。

霍希尔德－科恩公司

1966 年 1 月，巴菲特的一个朋友、投资银行家大卫·桑迪·戈特斯曼提醒巴菲特，一家位于巴尔的摩的百货公司处境不佳，可能有机会收购。这家公司就是霍希尔德－科恩，该公司竞争力疲弱，需要大量投资进行翻新改造。这是一家由科恩家族持有的私人公司，家族的下一代中几乎没有人愿意接班继承这项事业，而且他们知道公司支付不了太多现金股息。公司CEO 马丁·科恩告诉戈特斯曼，他们打算卖掉公司，即便是"折扣价"也能接受。

从一开始巴菲特就明白，这项交易是"以三流的价格买进一个二流的百货公司"。但他喜欢资产负债表上的净资产情况（比公司市值高），以及隐匿性资产（没有记录在案的房地产价值），以及后进先出记账法下的库存，这意味着旧库存按照以前的价格估值，而不使用现在的价格。

交易

巴菲特和芒格与科恩一家会面，并且很喜欢他们。根据公司资产负债情况，他们出了一个价格希望购买整个公司。路易斯·科恩同意管理公司。他们设立了一家新公司，用于收购霍希尔德 – 科恩的全部股份，交易在 1966 年 3 月完成，这家新设立的控股公司名叫多元零售有限公司。从新公司的名字可以看出巴菲特和芒格的想法：他们想建立一个零售集团。巴菲特合伙公司持有多元零售公司 80% 的股份，查理·芒格的投资合伙公司惠勒·芒格公司持有 10%，戈特斯曼的基金持有 10%。霍希尔德 – 科恩公司的收购价是 1200 万美元，大约一半的收购资金是其控股公司多元零售公司借贷来的。

惠勒·芒格公司位于加利福尼亚州，与巴菲特没有关系，但是芒格和巴菲特每天都会通电话，他们有很多共同的投资。惠勒·芒格公司的运营从 1962 年到 1975 年，平均年化回报率达到 19.8%，远超同期道琼斯指数，后者的年化回报率仅有 5%。

再次强调优秀人才的重要性

巴菲特在 1966 年给合伙人的上半年年度信件中提到惠勒·芒格公司："我们拥有一流的人才管理公司（无论是从个人，还是从公司的立场而言）……他们会一如既往地继续下去。"他接着强调了他极其看重公司管理层："如果管理层能力不佳，即便是价格再低，我们也不会收购这家企业。"

结果如何

1967 年夏季，根据巴菲特自己的描述，他对霍希尔德 – 科恩公司的表现非常满意。有意思的是，在同一封信中，考虑到未来的前景，巴菲特对于伯克希尔－哈撒韦公司感到相当失望。

1968年1月，巴菲特表示自己与合伙公司控股的企业的高管们相处愉快，于是他决定合伙公司继续投入大部分资金，给他持有全部或绝大部分股权的公司，即使这意味着他的年度回报目标必须降低：

> "我们控股的公司具有令人满意的回报，这是投资回报目标调低的一个次要因素，这在10月9日的信里讨论过（从超越道琼斯10个百分点，改为9个百分点以下或超越5个百分点）。当我与喜欢的人打交道时，在那些企业里，我有内心的激动（哪个企业不激动人心呢？），可以取得令人满意的资本整体回报（比如说10%～12%），当我们身处这样的环境里，为了区区几个点的所谓更高回报而跳来跳去，是非常愚蠢的。
>
> 在我看来，如果与一群不错的人打交道，可以取得令人满意的回报，那么根本没有必要冒着招惹麻烦的风险，以博取更高的回报，这样做是不明智的。"[28]

尽管巴菲特一般不会卖出控股公司，但后来，他还是将霍希尔德－科恩从他引以为傲的名单中划去了。在这个荣誉榜上，有国民赔偿保险公司和联合棉纺公司（在下一章中讨论），却没有伯克希尔－哈撒韦纺织厂和霍希尔德－科恩公司。巴菲特否决了百货公司管理层提出的扩展开店计划（甚至后悔之前进行的开店计划），以避免浪费资金。

　　对霍希尔德－科恩投资案，芒格表示："我们深受格雷厄姆思想的影响，我们认为如果你付出的资金能够获得足够的资产，无论如何都不会得到太坏的结果。我们没有考虑到在巴尔的摩有 4 家百货公司，竞争十分激烈。"[29]

　　1968 年，百货公司的营业额大幅下降，巴菲特开始为霍希尔德－科恩寻找买家，或者清盘公司。幸运的是，一家名为通用超市的公司对此有意。1969 年 12 月，通用超市以 5 045 205 美元外加公司无息贷款票据的方式收购了霍希尔德－科恩。这样，多元零售公司的银行账户收到 500 万美元现金，并成为通用超市公司的债务持有人，这些债务中的 200 万美元于 1970 年年初到期，另外 454 万美元于 1971 年年初到期。这些债务的现值（指的是 1969 年）大约为 600 万美元。这样算来，多元零售公司此次出售霍希尔德－科恩共收到大约 1100 万美元。多元零售公司留存了收到的现金，它欠自己的债权人大约 600 万美元，数额与它持有的通用超市的债券差不多。

　　在这次三方合作对霍希尔德－科恩公司的投资中，巴菲特合伙公司、查理·芒格的基金和戈特斯曼先生的基金都录得了数额不大的亏损。零售业的问题是管理层要一直面对来自竞争对手的挑战。如果他们想出了一个好主意提升产品销量，竞争对手很快就会如法炮制，他们必须始终处于游戏的顶端才行。除此之外，他们还必须跟上竞争对手层出不穷的创新步伐。

正如巴菲特所说，零售业的管理层必须"每一天都保持聪明"，而其他行业的管理层即便在一段时间里表现平庸，也不会对公司造成毁灭性影响。所以，具有品牌的公司，例如《华盛顿邮报》、可口可乐和迪士尼，这些公司的管理层即便有一两年表现很差，他们也能维持特许权（在客户心中的地位）不受太大影响。百货公司没有这样宽松的环境。当然，也有卓越的零售商，他们每一天都很聪明，能年复一年地击败对手，但是这样的零售商很少。

学到了什么

在这里，我引用巴菲特的反思来讲解可以从这个案例中学到什么。在1989年巴菲特致股东的信中，他谨慎地强调了他的改变，从原来的注重"量"（特别是资产负债表），转变为注重"质"。这个思想的转变正是由于收购霍希尔德－科恩公司发生的失误导致的。[30]

"在收购伯克希尔之后不久，我收购了位于巴尔的摩的百货公司霍希尔德－科恩……我的买价远远低于该公司的账面价值，公司人员也是一流的，整个交易还包括一些额外的福利——例如：未记录在案的房地产价值、后进先出记账法下的库存。面对这样的好机会，我怎么可能拒绝呢？所以（你懂的），三年之后，我很幸运能以原价将其脱手。在终于与霍希尔德－科

恩分手以后，我感觉自己像是一首乡间民谣中描述的
丈夫的角色，民谣中唱到：'我老婆和我最好的朋友跑
了，我仍然非常想念我的朋友。'"

这段文字表明，巴菲特已经意识到"量"的因素不足以成
就伟大的投资，在他的职业生涯中，他开始越来越关注"质"
的因素。

有关霍希尔德－科恩投资案例的进一步思考如下。

学习要点

1. 以合理的价格买进一家好公司，远胜过以好价格买进一家
   一般的公司。

   寻找由一流经理人管理的一流企业。

2. 优秀的骑手在良马上会表现出色，但在劣马上可能毫无
   作为。

   **无论是伯克希尔，还是霍希尔德－科恩公司，都由能干且诚实
   的经理人管理。同样的管理层如果在一个具有良好经济特征的
   企业里工作，或许能取得卓越的成就。但让他们陷入流沙般的困
   境之中时，他们也只能一筹莫展，毫无作为。巴菲特说，一个声
   名卓著的经理人如果去管理一个声名狼藉的企业（可以肯定的是，
   这两者的声誉有一个会改变），通常不变的会是这个企业的名声。**

3. 避开有麻烦的企业。

   **巴菲特曾经说过，他和芒格都没有学会如何解决陷入困境的公
   司的问题，但他们学会了如何避开这样的公司。无论是做生意
   还是投资，常识告诉人们投资那些看得懂的、简单的公司，远
   比解救问题公司更有利可图。偶尔会出现伟大的公司陷于暂时
   的、可解决的巨大危机之中，这会是一个伟大的投资机会。之
   前章节中提到的美国运通和盖可保险公司，就属于这样的例子。**

4. 商业中极其重要的无形力量是惯性驱使。

　巴菲特曾说，他发现：

① 就像物理学上的牛顿第一定律的描述，一家机构（企业）会拒绝在当前方向上做出改变。

② 就像工作是为了填满可用时间一样，有些公司的项目或收购就是为了花光手里的钱。

③ 公司领导的任何愿望，无论多么愚蠢，都会被其部下证明是可行的。他们会迅速准备关于回报的细节和策略研究，以支持证明领导的想法确实可行。

④ 同行的行为，无论是企业扩张、收购兼并，还是制定高管激励措施，都会引发盲目的模仿。

　巴菲特一直在优化管理他的投资，以使惯性驱使的影响最小。要达到这个目标，有一个方法，就是与那些他喜欢、信任、欣赏的人打交道，只投资拥有这样的经理人的企业。

5. 巴菲特不是天生的投资家或商人。

　他不断从经验中学习，能从个人的直接经验和他人的间接经验中，学习事物发生的本质。这种学习的过程需持续数十年之久，即使达到很高的水平也不能避免犯错。保持终身学习，是作为一个投资者的前提条件。巴菲特对于纠正错误的开放心态，意味着他可以做出足够多的好决策，以实现整体的卓越表现。

联合棉纺公司

(Associated Cotton Shops)

投资概要	投资对象	联合棉纺公司
	时间	1967 年至今
	买入价	不确定，但曾提到的数字为 600 万美元
	数量	公司总股本的 80%
	卖出价	不确定，因为 20 世纪 70 年代合并入伯克希尔
	获利	不错，但没有单独说明

1967 年，巴菲特已经掌管了规模非同一般的资金数量，他不再仅仅遵循传统的方式，仅限于持有上市公司的少量股票，取而代之的是，他让巴菲特合伙公司成为一家濒临破产的纺织公司——伯克希尔 - 哈撒韦的大股东。不久伯克希尔旗下开始拥有了保险公司。此外，合伙公司的 480 万美元被投入了一家名叫多元零售的新公司，持有该公司 80% 的股权，巴菲特成为公司 CEO。多元零售公司在 1966 年贷款 600 万美元，收购了霍希尔德 - 科恩公司。

1967 年年初，巴菲特和多元零售公司的少数股东同意拓展零售帝国，他们收购了一家服装连锁店——联合棉纺公司。

联合棉纺公司的生意

联合棉纺公司成立于 1931 年，创始人是本杰明·罗斯纳（另一位创始人利奥·西蒙，于 20 世纪 60 年代中期去世）。公司刚开始只有一家位于芝加哥的商店，启动资金仅 3 200 美元。经过 36 年的发展，公司拓展到 80 家商店，年营业额达到 4400 万美元。这家公司的商店通常位于城内拥挤老旧的区域，很多商店的位置相当糟糕（员工们不时要提防小偷）。1967 年，罗斯纳已经 63 岁，他以省吃俭用和工作狂而闻名，这些正是巴菲特所欣赏的品质。有一个巴菲特津津乐道的关于罗斯纳的有趣故事，能充分展现出罗斯纳对生意的痴迷，以及他的特立独行、与众不同，就像巴菲特一样。

有一次罗斯纳出席一场正式晚宴，他与另一位企业家谈论生意的细节，聊得很投入。他热切地想知道自己买的卫生纸是不是最便宜，这是典型的有趣的晚宴话题，你懂的。那个人说他的进价比罗斯纳的高，但罗斯纳听了这话非但没有高兴，反而担心起来：是不是卫生纸供应商糊弄了他，卖给他小卷的卫生纸？他立刻离开宴会，直奔公司仓库，用了整个晚上细数自己的卫生纸卷上到底有多少张纸。果不其然，他发现自己仓库里的卫生纸，每卷的纸张数量比正常的纸卷少！

交易

当他们第一次谈起收购的可能性时，罗斯纳邀请巴菲特到几家商店去参观，但巴菲特谢绝了，因为零售业的细节完全超出了他的能力圈。他感兴趣的，是公司过去和近期的财务情况。巴菲特让罗斯纳将公司过去 5 年的财报数据通过电话读给他听。

在一次查理·芒格也在场的会议中，罗斯纳失去了耐心，急于完成交易。所以，经过了半小时的讨论之后，他问巴菲特："他们告诉我，你是西部拔枪最快的人！快点拔枪吧！"巴菲特回答说不会等太久，下午就会有结果——在场的所有人都明白这就是决定性的时刻。联合棉纺公司最后的成交价格到底是多少并不清楚，但有些资料提到一个数字——600 万美元。

后来

罗斯纳出售联合棉纺公司，是因为他想退休，但巴菲特请他继续留任。他心里清楚罗斯纳不会离任的。非同寻常的是，罗斯纳这一待就是 20 年。他后来告诉巴菲特为什么会这样："你忘了你买下了这家公司，我忘了自己卖掉了这家公司。"再也找不到更好的赞誉之词描述巴菲特这种不干预的管理风格了，但只有在经理人表现优良时这种赞誉才能成立。

巴菲特对罗斯纳大加称赞，这也是他留任的原因之一。但尽管有这句"你忘了你买下了这家公司"的俏皮话，巴菲特其实非常热切地盼望着每月收到企业运营报告。虽然巴菲特不太懂零售业务，但他对于财务数据却是目光如炬。

罗斯纳的表现非常不错，1968 年 1 月巴菲特写给合伙人的
信件中提到，这次收购"实在是太令人满意了，好得不能再好
了，每件事都如同宣传的一样或更好。此次出售企业的经理人
人本·罗斯纳……一直在出色地工作"。6 个月之后，巴菲特在
写给合伙人的信中提到，罗斯纳的"努力与能力持续体现在工
作业绩上"。1968 年，巴菲特在联合棉纺公司上的资本整体回
报率约为 20%。[31]

1969 年，联合棉纺公司更名为联合零售公司，巴菲特很满
意这个结果：

> "联合零售公司的净资产约为 750 万美元，它是一
> 家优秀的企业，具有强大的财务基础、良好的运营利
> 润率。近年来营收和利润仍不断增长。上一年度，其
> 营收约为 3 750 万美元，净利润约为 100 万美元。今
> 年的营业收入和净利润预计会创出新高，我猜税后利
> 润将能达到 110 万美元。[32]"

由此你可以看出，零售业是很难做好的，但是总有人具有
一些特殊的才能，他们可以用拧毛巾的方式挤出水分来，以获
得较高的资本回报率，并且他们可以年复一年干得不错。后来
的几十年里，巴菲特与零售行业里的许多杰出经理人建立起了
交情，例如，我们能想到的：内布拉斯加家具城的布朗金家族、
波仙珠宝店的弗里德曼家族，以及威利家具的比尔·蔡尔德。

学习要点

1. 能力圈。

每个人都有自己的能力圈，但是有些人会高估自己，以至于他们自以为是的能力圈超过其实际情况。巴菲特（和芒格）都严谨限定自己的能力圈范围，换而言之，他们坦承有很多领域他们能力不足，无法根据已有的数据得出结论。例如，他们从来不买高科技公司的股票，因为他们搞不清楚这些公司十年后的前景。实际上，他们认为大部分行业都在自己的能力圈范围之外，他们无法分析这些领域的投资标的。

2. 与热衷于削减成本的人合作是件好事。

本·罗斯纳对公司的里里外外了如指掌，他习惯于从每一天的运营中寻找机会节省成本，结果便是创造了非常好的资本回报率。

3. 尊重人的价值与给予金钱报酬同样重要。

本·罗斯纳将公司卖给巴菲特之后，已经有足够多的钱满足退休生活，但是他继续投入在工作之中。他喜欢自己与巴菲特之间相互尊重与信任的关系。他可以自由掌控公司，巴菲特给予他慷慨的赞美和绝对的信任，相信他绝对不会损害巴菲特合伙公司的利益。

投资人关系
(Investing In Relationships)

股票市场的投机狂潮，崩盘与亏损，循环往复，每隔几年就会重来一次，每一个周期都会给那些忽略股市历史的人以启示性的教训。聪明的人会坚守本心，不随波逐流卷入市场的不理性行为，并能够利用大众的疯狂来发现投资机会。

20 世纪 60 年代，美国股市大涨，创下了 50 年代繁荣之后的新高。这种狂热的后遗症就是导致很多公司破产，也令很多投机者损失惨重。对于 1967 年到 1969 年这段时期，巴菲特的看法如何？他又是如何行动的？

正如我们将看到的，巴菲特在这段时期进行了很多思考，包括如何估值，如何与公司管理层打交道。这是巴菲特职业生涯中最有挑战性的时期。本章不打算讨论某一个特定的投资案例，我们将讨论的是在这段时期里，巴菲特做出的重大的、艰难的决定。这可以帮助我们了解巴菲特的投资风格在这些年里是如何进化的。

狂野年代

在大萧条之后的 20 年里，人们听到的一般建议都是：不要碰股票，它们很危险，炒股的本质就是投机。直到 20 世纪 50 年代初期，这种普遍的看法使得股票价格被压得很低，当时的市场上，有很多价格便宜的股票。后来，随着运营好转，公司利润提升、分红增加，股价也随之上涨。

于是，大众的情绪逐渐转变，很多人开始感到投资股票是件不错的事情。"我朋友两年时间就赚了一倍，他很喜欢股市，我马上也要投身股市了。"对经历过战后繁荣和股价上涨的新一代人来说，1929 年的大萧条已经成为历史。20 世纪 50 年代，道琼斯工业平均指数上涨到原来的 3 倍，并在 1960 年到 1966 年期间，再次上涨了 60% 多。

1950 年，美国股市的平均股价按照上一年度利润计算，只有 7.2 倍市盈率（PE 为 7.2）。市盈率这个指标通常用于衡量一只股票价格的高低。到 1956 年，平均股价 PE 为 12.1 倍，依然处于合理的较低水平，巴菲特还可以发现许多相对其价值而言价格便宜的公司。然而，到了 60 年代，市场平均 PE 一般都在 15～21 倍的范围内。这么高的市盈率水平使得发现打折的股票虽然并非不可能，但变得很困难。

大批投资者蜂拥而入，抢购那些野蛮生长的企业集团、电子公司、化学公司等明日之星（1967 年的电影《毕业生》中，达斯汀·霍夫曼就得到过关于"明日行业"的建议）。而此时，巴菲特变得越来越焦虑不安，因为他几乎无法为合伙公司的资金找到合适的投资去处。在市场陷于狂热的时候，他已经找不到任何标的。

巴菲特不是普通的基金经理人

针对面临的问题，1966 年年初巴菲特采取了第一步行动——关闭合伙公司，不再接纳新的投资人。他说："我强烈地感觉到规模越大，未来的业绩可能会越差，而非提升业绩。对于我个人业绩而言，也许未必如此，但你们的业绩必然受损。"[33]

注意，巴菲特的这番举动与其他基金经理是完全相反的。一个狂热的股市正是基金经理赚取巨额管理费的好机会，因为这时候每个人都想买股票。基金经理按照其管理资金的 0.5%～1% 收取费用，这种机制会刺激他们拼命扩大自己的基金规模。

巴菲特则建立了一套不同的激励机制。首先，他具有与生俱来的正义感和荣誉感，他以忠诚的态度努力为合伙人工作，他们中很多人是他的亲朋好友。其次，巴菲特有着独特的收费机制。每个年度只有在回报超过 6% 的情况下，才收取管理费，否则分文不取。这意味着，如果他不顾股价高估，仅仅为扩大基金规模而投资，对他并没有什么好处。

1967 年的挫折与困惑

1967 年年初，巴菲特在投资上原本源源不断的灵感渐渐枯竭。他对此感到沮丧，甚至对股市上的很多现象感到迷惑。市场已经进入疯狂阶段，不仅没有低估的股票，而且高估已是司空见惯。在这样一个市场环境里，巴菲特该如何坚守投资，而不陷入投机呢？

巴菲特长时间认真地思考这个问题。他是否应该选择盲从于大众，追求短期利益，追逐那些所谓的明日之星，不管这些公司是否盈利？当时的巴菲特已经有了千万美元的身家，他是否应该转移方向，专注于人生的其他方面，例如家庭？

巴菲特的困惑

巴菲特被市场的狂热弄得十分焦躁。他希望清楚地告诉自己的投资人，市场经常会做出奇怪的非理性行为，所以无法预测短期市场，这个短期可能是几个月，甚至几年。他在 1966 年7 月给投资人的信中，重申自己"不会预测股市走势以及商业波动。"他说，如果有投资人认为他具有这样的能力，这样的人就不应该待在合伙公司里。

他从来不会依据别人对市场的看法而买卖股票，他再次强调自己只会专注于公司本身。"在很大程度上，股市的发展将决定我们什么时候是正确的，但是，我们对于公司分析的准确度，却决定了我们是否会正确。换而言之，我们专注于发生什么，而不是什么时候发生。"[34]

1967年1月，在给投资人的信发布数月之后，巴菲特试图让他的伙伴们相信，合伙公司的十年时间是非同一般的，这期间平均年化回报达到29.8%，这是无法复制的回报记录。他说，下一个十年，这个记录"绝对不可能"再现，甚至连接近都不可能。投资业绩的下降必然会到来，因为好主意总是稀缺的，他所能做的就是"更集中有效地运用好这些（主意）"[35]，但即便集中提升效率，也还是存在一个真实的危险，那就是"涓涓细流有更大的可能面临枯竭，而不是恢复成水量充沛的源泉"。[36]

巴菲特认为，当时有两个不利因素。

首先，他已经不再是那个"以10.5万美元合伙资金起家的、如饥似渴的25岁工作狂"了[37]，他现在是一个36岁，已经"过上好日子"的人，面对的难题是如何管理更大的资金——54 065 345美元。他必须进行巨量的投资，才能提升整体投资业绩，但这样一来，可投资的对象更少了，因为没有那么多公司拥有足够多的自由流通股（自由流通股指的是投资人持有的股票，而非创始人或董事等与公司有密切关系的股东持有的股票）。

其次，巴菲特曾经成功运用的投资哲学在当时的市场状况下已经不再适用。与1956年相比，现在市场上能找到的符合他投资理念的好标的，仅有当初的"1/5 到 1/10"。在成立投资合伙公司之初，相较于公司的资产和盈利，市场中存在大量低估的股票，很多公司的股价大大低于其内在价值，甚至有 15～25 家公司巴菲特"愿意买下全部股份"。[38] 但是，当他在 1967 年审视当时的市场时，已经很难找到他可以理解的公司。

情况很糟糕，以至于巴菲特在 1964 年到 1966 年期间宣称，他每年仅能发现两到三只他认为"会有靓丽表现的"股票。

应该怎么办

有一件事，巴菲特是绝对不会干的，那就是改变自己投资哲学的核心要素（公司分析、安全边际、合理回报的目标、利用市场先生）。他不会离开自己的能力圈，或"理解范围"。说得更明白一些，就是巴菲特拒绝迎合 20 世纪 60 年代后期市场流行的投资（或投机）方法。

巴菲特拒绝购买科技股，因为它们"超出了我的理解范围"。[39]

对于流行的"预测市场波动进而重估公司价值"[40]的投资方式，他也持回避态度。尽管媒体广为宣传，说一些个人投资者运用这种方式迅速获利，但巴菲特说："这代表了一类投资技巧，我无法肯定也无法否定其正确性，我无法完全理解它（或许这是我的偏见），但是，可以完全肯定的是，这种方法不符合我的性格。"[41]

最后，巴菲特绝对不会去"追求可能在'人的问题'上有巨大隐患的投资项目，即便盈利潜力可观"[42]。在经历了邓普斯特农机公司裁员风波，和伯克希尔-哈撒韦关闭纺织业务的艰难决定之后，巴菲特再也不想陷入因公司整治而导致的紧张与冲突之中。

误导投资人的短期绩效指标

伴随着对短期市场或股价的波动预期，在 20 世纪 60 年代后期，很多人改用短期表现来衡量一个投资人的成功或失败。巴菲特不喜欢人们用短期业绩来要求他，当时别的基金经理人也是同样待遇。他在 1967 年 10 月给合伙人的信中写道：

> "多年以来，我都在宣扬绩效的重要性。我不断地告诉合伙人，除非我们的表现超越平均水平，否则他们应该将钱拿走找其他地方投资。近年来，这个观念在投资界（或投机圈）获得了更多的认同。最近一两年，这已经成为一种潮流。我认为，我们正在见证一个好的观念如何被扭曲。
>
> "我一直不断地提醒合伙人，我认为用于衡量投资'绩效'的最短期限应该是三年。当然，当投资大众开始自作主张时，用于衡量投资绩效的时间预期被不断缩短，从一年缩短到一个季度，再缩短到一个月，有时甚至更短……短期绩效表现的奖金越来越丰厚，不

仅是奖励已经取得的业绩，还奖励吸引到下一轮新的资金。这种模式导致越来越多的资金进场，卷入越来越短时间的投资游戏中。一个令人不安的推论是，当这类行为愈演愈烈的时候，参与投资的工具（特定的公司或股票）渐渐变得不那么重要——有时几乎是次要的。"

转向拥抱品质（但并未放弃定量分析）

在职业生涯的早期，巴菲特受本杰明·格雷厄姆的强烈影响。格雷厄姆特别关注净资产情况，尤其是资产负债表上的净流动资产值，相对而言，他不太关心公司盈利能力和企业前景等质的因素，也不太关心管理层素质以及公司稳定性。最主要的就是强劲的资产负债表，因为这能体现出安全边际。

巴菲特有意尝试其他途径，开始是试探性的，后来大胆出击。随着迪士尼、美国运通以及一系列投资的成功，巴菲特打算把更多资金投资到那些具有优秀品质特征的公司里，并且在很大程度上不再以净资产作为重要考量的因素。

然而，这并不意味着格雷厄姆的方法已经被全盘抛弃，并以全新的方法完全地取而代之。在管理一个投资组合时，将格雷厄姆的方法与菲利普·费雪、查理·芒格，以及30多岁的巴菲特的思想融合在一起，或许是个不错的主意，关于这点，在巴菲特1967年致合伙人的信中说得非常清楚：

"出于投资的目的而评估股票和公司，一直是将定性因素和定量因素结合在一起……有趣的是，尽管我认为自己属于定量分析学派，但多年以来我最成功的投资决策都是在充分考虑定性因素后做出的，这种对定性因素的判断力，我称之为'高概率事件洞察力'，这才是我赚大钱的秘诀。然而，这种机会非常少见，正如洞察力一样往往得之不易。当然，定量分析一般并不需要洞察力——数据本身就会说话，数字会像球棒一样猛击你的脑袋。所以，赚大钱的投资机会通常来源于正确的定性决策，但更多确定无疑的利润则来自于直观的定量决策。"[43]

　　显然，巴菲特并没有完全放弃格雷厄姆的方法，定量分析方法依然相当有效。尽管如此，必须承认，20 世纪 50 年代是捡便宜货、猎取折扣资产的极佳时代，那时的股价市盈率低至个位数，公司净资产或净流动资产经常会高于其市值。但是，随着整体股市的高涨，这种投资方法渐渐失去了用武之地。60 年代后期，以定量方法可以发现的低估的投资机会渐渐消失。

　　对于这些现象，巴菲特给出了一些可能的解释：

◎ **相互竞争的投资者开始跟风**。格雷厄姆的书籍很流行，于是影响更多的人应用他的理念。巴菲特认为人们对于投资清单的梳理、再梳理，会推高股价。要想使格雷厄姆的方法再次有效，需要的是"经济动荡（或萧条），就像 20 世纪 30 年代（的大危机一样），这样可以营造出对权益类资产的负面偏见，从而导致出现数以百计的

新的折扣证券"。⁴⁴

◎ **公司之间的收购兼并愈发普遍**，这些往往集中在折扣证
券上，从而导致便宜货从市场上消失。

◎ **证券分析师大量涌现**，这些分析人员提出了"一套强化
分析机制，远远超过数年前已经存在的机制"⁴⁵，无论
他们是否是格雷厄姆的追随者。现在增加了数以百计的
分析师和基金经理，他们中的很多人都喜欢被低估的股
票，因此被忽视、被抛弃的公司越来越少。

巴菲特依然认为用定量方法寻找低价股是他的立身之本。但是，
在那个时候，"定量分析能找到的折扣股票基本上已经消失了"。⁴⁶

即便在今天，巴菲特和芒格也不拒绝运用定量方法而获得
打折的股票，如果你的资金不多，这是一个不错的可以获得高
回报的方法。巴菲特面临的问题是，如果你打算投资的金额数
以十亿计，你很难发现有足够的大公司的股票可以低价买到。

不因对合伙人的承诺而改变信念

当时的一些市场人士采用所谓的新时代投资方法，对此，
巴菲特很不喜欢，加上 1967 年低估值的股票机会难寻，于是，
他在那年秋天写给合伙人的信中写了几句话，不亚于一声惊雷：

"当游戏不再以你的方式进行时，有人可能会说新
方法完全不靠谱，一定会失败的，诸如此类，不一而

足。我过去也曾蔑视这样的行为。我也看到过那些根据过去，而不是现在的情况进行评估而遭受损失的人。基本上可以说，我已经跟不上现在的市况。然而，有一点，我是非常清楚的：我不会抛弃先前我明白其内在逻辑的投资方法（尽管我发现这个方法现在已经难以运用）。采用一种我不完全理解、没有成功实践过的方法可能会轻松地赚到大钱，但也可能导致巨大的损失。"[47]

个人动力

巴菲特意识到他不想再这样辛苦地工作下去了，他已经显示出强迫症的行为倾向，整天没日没夜地工作，忽略了家庭。他与妻子曾达成一个协议：一旦他赚了 800 万到 1000 万美元，他就不再那么拼命了。这个目标已经实现了，他写道：

> "由于个人状况的改善，放慢工作的脚步是最明智的选择。我已经观察了很多案例，涉及生活中所有活动的习惯模式，特别是在事业方面，在这些习惯已失去意义之后，有些习惯还是会继续（并且随着时间推移而变得更加突出）。基本的自我分析让我明白，对于那些将资金托付给我们的人，我不得不尽全力去达成公开宣示的目标。但这种全力以赴的努力已逐渐失去意义。"[48]

巴菲特希望生活有更多意义，不仅仅从金钱的角度来衡量，而且从他进行的投资类型来衡量。他没有去充斥着投机热潮的市场横冲直撞，他希望减少工作量，专注于自己所控制的公司，这些公司由他喜欢、信任和欣赏的人来管理运作，即便这样可能意味着回报的降低。他倾向于享受自己所从事的工作，而不是全力追求财务回报：

> "我想将自己所做的事情限制在一个范围内，在这个范围里，既简单，又安全，既赚钱，又愉快。这不会让我们的运作较之过去更保守，因为，我认为——毫无疑问带有一些个人偏见——我们一直都秉承相当的保守主义。我们面临的长期向下的风险不会更少，而向上的潜力多少可能受些影响。[49]"

他明白很多合伙人在读到这封信后，可能不愿意接受新的降低投资绩效的目标，他们会另寻出路："那些有其他诱人投资机会的合伙人，符合逻辑的决定是，他们的资金可以在别的地方得到更好的利用。对于这样的决定，我完全支持。"[50]

听到这个消息后，一些合伙人决定从合伙公司里取出资金，投到那些许诺了诱人回报的基金经理那里（1967年10月到12月，提取金额为160万美元）。巴菲特很高兴这些人退出了，因为这将他从"当前情况下无法达成业绩目标的压力下"解脱出来。[51]

再次表现超群

具有讽刺意味的是，即使巴菲特已经厌倦了股市，但这期间他的回报却惊人的完美。1967 年，巴菲特合伙投资公司取得了 35.9% 的回报，同期道琼斯指数上升 19.0%。扣除巴菲特的管理费之后，合伙人得到的回报为 28.4%，合 19 384 250 美元，合伙公司净资产为 68 108 088 美元。巴菲特一语双关地开玩笑说这可以"买很多百事可乐"。那时候，巴菲特是一个百事可乐的热衷者，但是在他买了一大堆可口可乐的股票之后，他立即将这种热情切换到可口可乐上。

即便如此，巴菲特却能一针见血地看穿这种回报中的人为因素，他指出这种上升是来自那些让炒股者膨胀的"投机糖果"。他知道这迟早会终结于"消化不良"和"不安全感"，即使他是一直坚持吃"燕麦"的清教徒——的确如此，他一直坚持遵循格雷厄姆的原则。[52]

巴菲特注意到整个投资组合的回报大部分来自于一只股票，其最终的盈利占了整个投资组合的 40%，这家公司从 1964 年到 1967 年业绩表现靓丽。即便如此，他还是没有说出这家公司的名字，当然，我们知道，这家公司就是美国运通，当年运通的股价从 38 美元飙升至 180 美元，使得合伙公司 1300 万美元的投资赚了 2000 万美元。

尽管有这样一次大丰收，但如果你多少了解一些股市的历史，就会明白像这样仅抓住一只大涨的股票，还不足以形成未来回报的坚实基础。真正重要的是要有许多投资机会，但当时的情况是，值得投资的机会太少了，整个市场如同一片干涸的土地。

终结合伙公司？

巴菲特不得不面对一个问题：是否应该终结合伙公司——很多合伙人读了巴菲特 1967 年致投资人的信，他们认为这封信是关张的信号。但是，到了 1968 年 1 月，巴菲特对此明确表示："我可以肯定地回答：不！"他说："只要合伙人愿意将他们的资金和我的资金放在一起，并且企业运作令人欣慰（保持最佳运营状态），我就打算继续干下去，与这些从一开始就支持我的人在一起。"[53]

解决方案

于是，1968 年 1 月，巴菲特认为他找到了一条折中解决方案，这个方案可以让他压力更小、束缚更少，让他与他的管理团队和家庭的联系更紧密。他甚至打算去赞助慈善事业，特别是民权运动。然而，没多久，他就意识到这一新方案并不适合自己，于是，就有了我们在后面的篇章中看到的投资故事。

学习要点

1. 市场总会在相当长的时期内处于非理性状态。

2. 无论好时候，还是坏时候，都要坚守投资原则。

3. 赚钱并不是人生的全部，甚至赚钱都不是特别重要的部分。

   良好的人际关系则非常重要。

4. 如果考虑到基金管理收取的高额管理费，大多数基金经理都无法超越大盘。

   因为这些收费与投资表现无关。

伊利诺伊国民银行信托公司
(Illinois National Bank And Trust)

投资概要	投资对象	伊利诺伊国民银行信托公司
	时间	1969~1980 年
	买入价	大约 1 550 万美元
	数量	97.7% 的公司总股本
	卖出价	1 750 万美元，外加 11 年持有期的分红，估计超过 3 000 万美元
	获利	超过 3 200 万美元，或 200%

在 1968 年到 1969 年的股市喧嚣中，对于那些狂野的股票，沃伦·巴菲特会非常谨慎。但当出现重大机会，可以购买那些优良企业的控股权时，巴菲特会非常兴奋，因为他已经从购买国民赔偿保险公司和联合棉纺公司的投资中尝到了甜头。现在伯克希尔 – 哈撒韦旗下有了两家可以为母公司产生现金流的公司，为什么不用这些现金流去扩大伯克希尔投资组合的版图呢？

一家赚钱的小银行

1931 年，一个名叫尤金·阿贝格的年轻人，以 25 万美元为起步资本，在伊利诺伊州的罗克福德创建了一家银行。他将其命名为伊利诺伊国民银行信托公司，但很多当地人称之为罗克福德银行。它有 40 万美元的存款金额，从那时起，它再也没有从股东手里筹集过任何新增资本。通过阿贝格一点一滴的打拼，到了 1969 年，这家银行的净资产达到了 1700 万美元，存款金额达到 1 亿美元，每年利润约 200 万美元，这是一个令人满意的回报。如果以存款或总资产来看，伯克希尔－哈撒韦的总裁肯·蔡斯将这样的盈利情况描述为"近乎国内大型商业银行的顶级水平"。[54]

盈利数字是 1 亿美元存款的 2%，或以 1700 万美元的股东资本取得盈利 200 万元（ 200 万美元 /1700 万美元 =11.8%），无论如何，以资产 / 负债回报率而言，该银行的回报相当高。不仅如此，该银行的运营也很稳健，它的资本结构、流动性和放贷政策所承受的风险都很低，却取得了较高的回报率。

在银行业，一段时间内从金融市场上大举拆借款项，然后放贷给那些高风险的项目，这样很容易得到看起来不错的运营数字。在整个过程中，每一个环节都堪称完美，直到有一天好运耗尽，潮水褪去，水落石出，败相毕露。罗克福德银行的做法与此相反，它很少从资本市场或货币市场拆借资金，并且它制定的政策是将流动性维持在相对较高的水平上。这意味着它有足够的在短时间内可以变现的储备资产，而不是将大量资产放在长期贷款项目上。此外，它还具有从市场中进行短期资金融通的能力。

罗克福德银行的放贷业务同样也是很谨慎保守的，所以它的贷款坏账明显低于同行。而且，它的存款中超过一半是定期存款，这样就具有了更大的客户黏性。但这样的低风险，也降低了利润水平，因为必须支付较高的利率给定期存款。考虑到它在方方面面贯彻安全第一的原则，这家银行所创造的如此之高的资本回报率令人惊叹。巴菲特将其归功于杰出的管理。

交易

在巴菲特到来之前，拥有罗克福德银行 25% 股权的阿贝格已经与其他人就出售股权事宜进行过谈判。但那个前来谈判的潜在买家开始指手画脚，批评指责，并要求进行审计查账。这令阿贝格非常不快，于是他打算终止与这个家伙的交易。这时，巴菲特出现了，他愿意出价，但他的出价比其他买家低 100 万美元。

阿贝格已经厌倦了其他竞价者，他对股东施加压力，让他们接受巴菲特的出价，并威胁如若不然，他将辞职。1969 年，伯克希尔－哈撒韦购买了罗克福德银行 97.7% 的股份。据一位消息灵通的观察者罗伯特·P. 迈尔斯称，买价为 1550 万美元。如果这个数字准确的话，巴菲特为这个城市中最大的银行支付的价格仅仅为盈利的 7 倍，而这家银行持续地证明了自己可以取得高资本回报率。甚至，更不可思议的是，尤金·阿贝格的卖价低于账面价值（净资产值）。

巴菲特决定贷款 1000 万美元作为此项收购的部分资金来

源，这非常罕见。他后来说："在接下来的 30 年中，我们几乎没向银行借过一分钱。（在伯克希尔，债务这个词仅仅是一个四个字母的单词而已。）[55]"

伊利诺伊国民银行的愉快之旅

正如我们已知的那样，巴菲特喜欢留住优秀的管理层来运营他的公司。他早就注意到了阿贝格的杰出之处，他管理这家银行已达 39 年之久，他知道哪里能创造回报，以及如何为股东保持低风险。尽管阿贝格已经 71 岁，巴菲特还是决定请他留任——这对于阿贝格而言也并不是难事，他也想继续工作。

一旦留住了阿贝格，巴菲特就一如既往地采用了放权管理模式，让阿贝格独自管理企业的运营。下面这段文字显示了巴菲特在这方面的思考：

"我们的经验显示，一个高成本运营的经理人通常在发现新方式增加开支方面显得足智多谋，而会过紧日子的经理人总会找到额外的方式进一步压缩成本。就后面这种能力而言，没有人被证明可以比尤金·阿贝格干得更好。"[56]

引人注目的是，在完成这次收购之后的五年半时间里，这家银行支付给伯克希尔的分红达到了 2000 万美元之多，这个数字已经超过了当初的收购价。此外，隐含在这家银行中的特许经营权价值也随着时间推移而日益增加。

你打算如何拥有这家银行

1971 年，伊利诺伊国民银行的税后利润达到了平均存款额的 2%。阿贝格并没有停下来，他继续在加速提升效益，这个数字在 1972 年达到了 2.2%。同时，这家银行还在快速扩张，到 1972 年它给客户提供的贷款增长了 38%。

接下来的一年又创下了另一项记录，平均存款规模上升到 1.3 亿美元，税后营业利润再次稳居行业高水平之列，相当于平均存款额的 2.1%。

在 1975 年写给股东的信中，巴菲特着重指出这家银行令人惊叹的低坏账率："很难找到一个形容词去描述 CEO 尤金·阿贝格的杰出表现，在平均 6500 万美元的贷款金额中，净坏账仅有 24 000 美元，或者说 0.04%。"[57]

甚至，这个已经非常优秀的指标在接下来的年度中变得更为优秀。1976 年该银行的贷款坏账损失仅为发放贷款的 0.02%，这个指标相比银行业平均比率而言简直是微乎其微。值得留意的是，虽然这期间的利润、存款（自 1969 年以来增加了 6000 万美元）和贷款增加了，但该银行的雇员人数却没有增加，依然保持在 1969 年收购时的水平。银行以同样的员工队伍积极向信托、旅游和数据处理方向进军。

到了 1977 年，该银行利润达到了 360 万美元，就资产回报率而言，这个数字已经达到了大多数大型银行 3 倍的水平。这时，阿贝格已经 80 岁了，他问巴菲特能不能找个帮手。没多久，彼得·杰弗里出任银行总裁和 CEO，他曾经是奥马哈美国国民银行的前总裁和 CEO。

随后，他们继续加足马力，到 1978 年，取得的业绩达到资产回报率 2.1%，这对于公司股东而言，是税后净利润 426 万美元。在为期十年的时间里，银行客户的定期存款增加到 4 倍、银行净利润增加到 3 倍、信托部门的利润翻了一番，与此同时，公司成本却被置于牢牢的控制之下。

但是，必须与伊利诺伊国民银行分手

1978 年，银行业监管当局通知巴菲特，他必须在不晚于 1980 年年底，将罗克福德银行与他的其他企业分离开来。监管当局收紧了政策，不再允许银行成为任何一个非银行组织的一部分。巴菲特说最可能的一种解决办法是，在 1980 年下半年，将罗克福德银行分拆卖给伯克希尔的股东们。与此同时，尤金·阿贝格和彼得·杰弗里在 1979 年干得极为出色，他们取得了基于总资产 2.3% 的回报，也就是 500 万美元的利润，这相当于典型的竞争银行的 3 倍水平。

最高的价格未必是最好的选择

1979 年，巴菲特调研了出售 80% 或更多银行股权给一个外部投资者的可能性。他说："我们对于任何买家都极为挑剔，我们的选择不仅仅是基于价格。罗克福德银行以及管理层对我们不薄，所以，如果必须出售这家企业，我们希望他们能找到同样对他们不薄的好婆家。[58]"他依然认为，如果无法在入秋季节以一个公允交易价格找到合适的买家，分拆或是一种可能的选项。

对于这家银行必须从伯克希尔大家庭中分离，巴菲特有些心有不甘，他写道："你们应该注意到，对于出售这家银行所得的资金，我们不能预期能找到足够的投资对象，可以完全替代前者的盈利能力，甚至替代一大部分也是难以想象的。你无法简单地仅以市盈率指标，去找到高品质的企业，以期胜过我们出售的这家银行。[59]"

分手

1980 年的最后一天，（这家银行被从伯克希尔公司分拆出来），41 086 股罗克福德银行（该公司持有 97.7% 的伊利诺伊国民银行）的股票，被交换为类似数量的伯克希尔 - 哈撒韦公司股票，这意味着这家银行的估值约为伯克希尔公司体量的 4%。

这种处理方式允许伯克希尔所有股东做出自己的选择，以维持他们相应比例的权益，既考虑到他们在该银行中相应比例的权益，也考虑到他们在伯克希尔相应比例的权益。（只有一个例外：根据银行监管当局的要求，巴菲特本人只能被允许最多持有他名下比例份额的 80%。）伯克希尔股票当时的交易价格为

425 美元 / 股，因此，这家银行的估值为 425 美元 ×41 086 股，约为 1750 万美元。

股东们有选择的权利，他们可以选择在两家公司之间不按照相应比例持股，可以将持有的该银行股票调换为伯克希尔 – 哈撒韦的股票，反之亦可。

巴菲特的赞美

遗憾的是，1980 年 7 月，尤金·阿贝格离世。巴菲特用文字记录了他们的友情：

"作为朋友、银行家和公民，他是无与伦比的。当你从一个商人手中买下他的企业，然后，他以雇员身份而不是所有者身份依然坚守在管理岗位上，你会从他身上学到很多东西……自我们认识以来，尤金一直都是个直接而坦率的人，这就是他的行事风格。在谈判之初，他将所有的负面因素都放到桌面上，毫不隐晦；而另一方面，在我们收购该银行的交易完成之后数年的时间里，他会时不时告诉我们一些之前在收购时没有提及的价值……

"尤金从来没有忘记他是在管理别人的钱，信托责任始终在他心中。他高超的管理技巧始终能够让这家银行的盈利能力在全国范围内处于顶尖水平……

　　"数十位罗克福德的居民告诉我，尤金给予过他们多年的帮助。在一些例子中，他的帮助是财务方面的；在另外一些例子中，他的帮助是有关智慧、情感与友谊的。对于我，他也一直表现出同样的品质。由于我们的年龄与位置不同，我有时是初级合伙人，有时是资深合伙人，但无论如何，这种关系总是特别的，令我非常怀念。"[60]

学习要点

1. 以合理的价格投资于优秀的企业。

   如果一家企业在过去显示出强大的盈利能力，我们就会有充分的理由认为这种盈利能力会持续下去，那么，这家企业就值得以合理的价格购买。

2. 更加锦上添花的是，如果你能以低价买到这样一家企业，你会得到一个十分满意的结果。

   伊利诺伊银行在十年中，年度利润提升了150%，达到500万美元，使得该银行价值大约增值到4倍。

3. 对于伟大的企业，你应该多买一些股权，最好大比例持有。

   每当巴菲特发现类似的好公司，他都尽可能地多买股份，多多益善。

4. 如果一家企业的创始人在出售公司时，非常关心买主是谁，而不是只想以最高价出售公司，这是一个非常好的信号。

   巴菲特明白，如果一个经理人关心的只是出售的高价，而不是买家的经营理念，将来二者磨合的代价会较大。巴菲特得到的经理人，如尤金·阿贝格，或联合零售商店的本·罗斯纳，他们"会为伯克希尔尽心尽力地管理公司，就好像他们100%拥有这些公司一样。"这些优秀经理人的品质应该是"深植于性格之中"的 [61]。

5. 那些坚持低成本、重视低风险、关注持续成长的银行，与那些复杂的银行相比，具有完全不同的前景。

那些"复杂"的银行会参与各种复杂金融衍生品、市场借贷，具有投资银行家塑造的企业文化。

6. 持续寻求效率提升、成本节约的经理人，是值得大力支持的。

因为这些行动能持续加深、拓宽公司竞争优势的护城河。

《奥马哈太阳报》
(Omaha Sun Newspapers)

投资概要	投资对象	《奥马哈太阳报》
	时间	1969～1980 年
	买入价	125 万美元
	数量	整个公司
	卖出价	不详，但可能远低于 125 万美元
	获利	财务上亏损，但无形资产上有收获，包括获得普利策奖

　　1967 年，巴菲特的投资回报为 35.9%。1968 年年初，他的合伙公司净资产达到了 68 108 088 美元。但是，巴菲特的心情远远谈不上兴奋，市场的投机狂热和会计诡计愈演愈烈，他也变得愈加忧心忡忡。

巴菲特的态度

　　了解巴菲特的想法是非常重要的。眼看着自己的股票在市场上飞涨而大把赚钱，这并不令巴菲特满意，他的满意来源于经过缜密分析和推理而获得的结论，这个结论由他所选择的公司的表现及其股价的后续上涨来印证。

首先是逻辑分析，其后是企业的成功，之后是股价的上涨。这是投资世界的正确顺序，是符合逻辑的。当人们看到一只股票在短短数周时间内被幕后推手推升100%时，这仅仅是引起了市场关注而已，并不值得庆幸。以非理性赚来的钱，也会同样以非理性的方式迅速溜走。

投机游戏

巴菲特感到焦虑不安，因为如此操纵市场，会对股权投资的市场机制造成严重的损害。损人利己的操纵行为将会导致失败，而这种失败会导致人们对于公司股票投资的恐惧甚至憎恶，进而使得流向重要企业的支持资金减少。

在1968年7月给合伙人的信中，巴菲特写道：

"数量惊人的资金被这些参与者（发起人、高管、专业顾问、投资银行、股票投机者）赚走了，他们玩的是类似连锁信模式的股票推荐游戏。这种游戏的参与者有的容易轻信上当，有的自我沉迷，有的见利忘义。"[62]

为了达到操纵的目的，这些推手会制造假象，最普遍的做法是在会计数字上造假。巴菲特说：

"经常需要做假账（一位非常'进取'的企业家告诉我，他相信'大胆的、具有想象力的会计'），这里会牵涉资本化的诡计，以及对企业真实运营本质的伪装。最终展现给人们的数字要看起来受欢迎、好看，并显得具有极高的盈利能力。"[63]

尽管对于市场的疯狂并不认同，但可以为合伙人们赚到账面利润，巴菲特对此还是感到欣慰的，他写道："必须坦率地承认，我们的投资表现极佳，这间接上是由市场狂热的投机所带动的……我们更快地获得了市场的奖励。"[64]1968 年，巴菲特合伙公司盈利达到了惊人的 4000 万美元，这相当于 58.8% 的回报率。到 1969 年 1 月，巴菲特掌管的资产已经达到 1.04 亿美元。

巴菲特仍然保留着 1929 年大崩盘时的报纸，他将这张报纸贴在办公室的墙上，时刻提醒市场疯狂的后果。疯狂到来的时候令人兴奋不已，但是伴随而来的两类高风险，足以打破巴菲特两条最重要的投资原则：

◎ 原则 1　不要亏损。
◎ 原则 2　不要忘记第一条。

《奥马哈太阳报》

从小时候每天投送《华盛顿邮报》开始，巴菲特就对有品质的报纸产生了强烈的兴趣。的确，他依赖新闻报纸的信息发现线索，产生主意。他和芒格都非常重视分析性、批判性、调查性的新闻报道。时间是宝贵的，你选择阅读什么能够塑造你的性格，同时扩展知识的广度与深度。

机遇

1968 年，当巴菲特的思路转为关注他可以控制的小企业时，他非常想成为一家报纸的所有者，尤其是希望可以遇见一个售价合理的报纸。结果，这样难得的机会还真出现了。他的妻子苏茜·巴菲特认识《奥马哈太阳报》的老板兼发行人斯坦福·利普西。一天，利普西到巴菲特位于基威特大厦的办公室，说自己打算出售这家报纸。

《奥马哈太阳报》作为一家集团公司，在大奥马哈地区共发行了 6 份聚焦地方的新闻周报，总发行量为 5 万份，年收入约为 100 万美元。这些报纸除了报道本地发生的日常事务，也会对当地大报《奥马哈世界先驱报》遗漏或不敢报道的新闻线索进行调查和发掘，这些新闻通常有关地方政府的决策失误或重要人物的不法行为。

甚至利普西本人，对于报业的商业前景也不抱乐观看法，但巴菲特却一心想进入这个领域，对他而言，最大的动力或许来自《奥马哈太阳报》的公共服务精神和坚守新闻精神，这些因素对巴菲特的推动比投资机会更为重要。无论出于何种动机，该项交易的达成仅仅耗时 20 分钟。巴菲特后来说，此次交易支付了 125 万美元，他预期每年可以产出 10 万美元的现金利润（这个数字相当于 8% 的投资回报率）。利普西作为总编辑继续留任。8%的回报率低于巴菲特通常的预期，但是我们必须明白，在当时，他没法找到太多投资机会，手中有很多合伙公司的资金处于闲置状态。

这里，还有一点考虑：巴菲特注意到，在很多城市里仅有一份报纸，这就给予了报纸定价权优势。花了100万美元左右（大约相当于合伙公司1.5%的资产），巴菲特就在这个行业里有了立足之地，并积累了一些出版业的经验，这为他未来在这个领域的发展打下了很好的基础（后来事实的确如此）。交易完成的时间是1969年1月1日，伯克希尔－哈撒韦购买了《奥马哈太阳报》全部股份。

赢得普利策新闻大奖

作为《奥马哈太阳报》的实际控制人，巴菲特感到非常骄傲，虽然该报发行量不大，并且依然要为10万美元的利润目标而奋斗，但他对自己的家乡有了更深刻的了解。此时，一家位于奥马哈的知名慈善机构爆出的丑闻闯入了他的视线。

慈善机构男孩城由一位爱尔兰牧师于1917年创立，专门收养那些无家可归的难民男童。到20世纪30年代中期，它拥有160英亩的土地、学校和运动场。1938年，由于这家慈善机构出现在奥斯卡获奖影片《男孩城》中，从而名声大噪，这部影片的主演是斯宾塞·特雷西和米奇·鲁尼。电影放映之后，这家慈善机构开始在全国范围内募集资金，发出的募捐信件数以

百万计。在这些募捐信件里，他们说如果没有资金的支持，男
孩城的孩子就要吃不饱饭了。这番说辞打动了无数人，捐款随
之源源不断地涌来。到 1971 年，男孩城扩大到 1300 英亩，收
养了 660 名男童，有 600 名工作人员。

事情开始变味

男孩城收养的男童被高度隔离，他们被封闭在校园里，不
允许与女孩接触，每月仅有一次探访（在得到许可的情况下），
而且他们的通信也会被审查。这些已经够糟糕的了，但巴菲特
和《奥马哈太阳报》编辑保罗·威廉关注的，却是这家慈善机
构的资金是如何募集、如何花掉的。

在进行捐赠时，男孩城宣称没有从教会、州政府或联邦政
府那里得到过资助。但事实是，内布拉斯加州是给它提供资金
支持的。接下来，《奥马哈太阳报》进行了更多的调查，巴菲
特很享受与职业记者们一起，像个侦探一样在奥马哈四处探访。
他整理慈善机构的捐款数字，在这个过程中发现，每年发出的
5000 万封劝捐信件带来惊人的资金（每年大约有 2500 万美元），
仅现金每年就高达 1800 万美元之巨，这个数字相当于支出的 4
倍。现金累计已达到 2.09 亿美元（相当于每个被收养的男童人
均 30 万美元），并且慷慨的美国人的捐赠还在源源不断地涌入。
这家机构甚至还有两个瑞士银行账户。然而，男孩城缺乏财务
控制系统去管理捐款，他们没有支出计划，甚至没有预算。男

孩城对捐款管理不善，我们知道，这对于巴菲特而言，是无法原谅的罪过。

独家新闻

1971 年 3 月，整个事件被曝光，立刻成为全国性丑闻，导致其所有的资金募集活动停止。接下来的一年，著名的《华盛顿邮报》由于调查报道水门事件荣获普利策大奖，而地方小型报纸《奥马哈太阳报》赢得了普利策"地方专题调查报道奖"。

男孩城的改革

从那时起，男孩城加大了儿童养育的项目支出，并且将财务情况更加公开，其董事会以及行政管理层都进行了改组。他们开放了园区，接受专业顾问的指导，并转换为家庭寄养模式，这样，收养的男童可以在已婚家庭中成长。今天，男孩城在亲子教养、儿童听说损伤研究和治疗方面已成为全美的领导者，并且在财务透明度方面得到了很高的评价。

但是，在男孩城成功改革的同时，《奥马哈太阳报》却在财务方面一塌糊涂。它一直在当地处于第二的位置。1980 年，《奥马哈太阳报》卖给了一个芝加哥买家，但是情况没有好转，它终于在 1983 年停刊。《奥马哈太阳报》的对手——《奥马哈世界先驱报》终于熬出头来，这家报纸至今还经营得不错，报道的新闻内容覆盖当地、全美以及世界各地。

学习要点

1. 人生的价值，不仅是追求短期的金钱收获。

巴菲特用了很少的资金支持了一家报纸，在最好的情况下，也只能获得一般的回报。但是，有时这样做对未来来说是值得的。巴菲特总说自己是个非常幸运的人，他获得了这么多财富，因为他足够幸运出生在一个制度良好的环境中：法治、产权、强大的权力制衡机制，包括新闻自由。这些都是非常珍贵的，让我们得以自由地成长。巴菲特或许认为动用 1.5% 的资金帮助这些社会机制的存在，就是对事业的贡献。8% 的预期回报仅被视为一个额外的收获，并不十分重要。

2. 交学费。

巴菲特相信美国报业存在一些拥有杰出商业特许权的企业。过去，如果你想推广公司，无论是销售汽车、房屋，还是食品杂货，都不得不依靠地方报纸。大部分美国人居住的城市都是"一城一报"，125 万美元的投资以及并不高的回报，对于研究这个行业而言，学费并不算高昂。巴菲特开始专注于研究报业的经济特点以及运营细节，就像他以前专心于研究保险行业一样。这是巴菲特最初踏入报纸行业这一新领域的第一步，也是后来他在《水牛城晚报》投资上取得高回报，以及在《华盛顿邮报》上大赚 20 倍的原因所在。到 2012 年，伯克希尔 – 哈撒韦公司已经收购了 63 家地方报纸。

3. 留住优秀人才。

斯坦福·利普西成为巴菲特的好朋友，他人品非常好，也是优秀的出版人。几年之后，《水牛城晚报》陷入严重的麻烦，巴菲特说服斯坦福·利普西去拯救这家报纸，使其摆脱困境。利普西作为巴菲特信任的关键人物被派往《水牛城晚报》，他在那里干了 23 年，直到 2012 年。在利普西退休的时候，人们向巴菲特追问利普西成功的秘诀是什么，巴菲特回答："他始终对报纸这行充满激情，即使已 85 岁高龄，却始终以积极的态度不停工作。他热爱报纸。如果你能将活力与激情结合在一起，会得到难以置信的成果。[65]"

4. 不要忘记品质。

如果有人告诉你，巴菲特的成功仅仅是因为他对于财务数字和金融市场的理解，你应该明白这个家伙并不真正理解巴菲特。人的品质和关系对于巴菲特而言非常重要，在这一点上，仅可意会、无法量化的定性分析，是获得"人"这一优势的核心重点。

更多保险公司
(More Insurance)

投资概要	投资对象	保险公司以及再保险公司
	时间	1968～1969 年
	买入价	价格不一，金额不大
	数量	—
	卖出价	—
	获利	很多，但都隐藏在伯克希尔的账目中

1969 年，巴菲特合伙公司日益壮大，已经变得相当复杂。合伙公司的大部分资金都投资于上市公司的少数股权上，但有相当数量的资金投资于两家公司并成为大股东。这两家公司中，一家是多元零售（即联合零售商店），巴菲特合伙公司持有 80% 的股份，芒格位于加利福尼亚的投资基金持有 10%，另外还有 10% 被桑迪·戈特斯曼的基金（第一曼哈顿公司）持有。

巴菲特合伙公司还持有 70.3% 的伯克希尔－哈撒韦股份（持有其总股本 983 582 股中的 691 441 股），这家公司在总裁肯·蔡斯的领导下积极转型。1970 年年初，蔡斯在写给伯克希尔股东的信件中，解释了公司发展情况："四年之前，公司管理层犯了错误，误以为只要向纺织行业进行大量、持续的资本投入，就可以获得更多、更持久的盈利能力，但实际上这是不可能的。[66]" 蔡斯说，起初，巴菲特将从纺织业务释放出来的资金投资到有价证券上[67]。对于投资证券，蔡斯表示自己干不了这件事，他需要巴菲特帮助自己、给自己提供意见，依靠巴菲特的分析能力，以及广泛关注不同行业的慧眼，将公司资本从纺织行业转到其他商品和服务行业。

这一策略出奇的成功，蔡斯对此惊叹不已。在 1970 年 4 月他写给伯克希尔 – 哈撒韦股东的信件中，蔡斯指出，那些同业竞争对手犯了巨大错误，他们将自己越困越紧，仅仅局限在纺织行业中。他写道："那些继续投入大量资金用于扩大纺织业务的公司"，产生的是"完全不足的回报"。相反，伯克希尔 – 哈撒韦进行了两次重大收购，这两次收购给伯克希尔带来的利润提升，使得公司"去年整体平均股东资本回报率超过 10%，而我们投入纺织业务的资本回报率不到 5%"。

由此，可以推算出这两家被收购的公司必须产生远超 10% 的资本回报率才行。那时，纺织业务占用的资本约为 1600 万美元。

伯克希尔 – 哈撒韦变身为控股公司王国

在 1968～1969 这两年间，伯克希尔 – 哈撒韦卖出其持有的所有有价证券——主要是股票，手中持有的现金越来越多，为未来的收购控股提供了弹药。蔡斯非常高兴地宣布，公司在这些证券投资上的盈利超过了 500 万美元，而且是税后。1965 年的伯克希尔－哈撒韦公司，市值还不到 2000 万美元，公司净资产为 2200 万美元，公司唯一主业利润微薄，所以，赚了 500 万美元是相当有分量的。

这些从证券上赚来的钱促成了 1969 年对伊利诺伊国民银行的收购，伯克希尔收购了其 97.7% 的股份。在接下来的日子里，该银行为母公司提供了惊人的收益（请参阅案例 15）。这家银行，与 1967 年以 680 万美元收购的国民赔偿保险公司一起（资金来源为伯克希尔的纺织业务），构成了伯克希尔帝国的强大支柱。保险公司在 1969 年已经可以产生承保利润，这样，巴菲特可以使用国民赔偿保险公司和合伙公司——国民火险和水险公司（于 1967 年收购）的浮存金进行投资，这些浮存金的成本为零。伯克希尔－哈撒韦的保险业务部门不断扩张，对此，肯·蔡斯做了如下描述：

"我们新的担保部门尽管规模不大，但在这一年中取得了不错的进展。通过在洛杉矶建立办公室，我们进入了加利福尼亚劳工补偿市场。我们新的再保险部门正整装待发……我们还有一些计划为新的州提供保险服务。[68]"

由此可见，当伯克希尔还是一家小型公司的时候，公司高层就已经开始考虑再保险业务，这充分显示了巴菲特和蔡斯从事业之初就有了对未来的宏大构思。

更多公司汇聚旗下

伯克希尔 – 哈撒韦公司还拥有《奥马哈太阳报》，但从财务角度来说，这项投资并不太重要。1969 年，伯克希尔继续收购了两家小型企业。一家是布莱克印刷公司（伯克希尔 100% 控股），这家公司是《奥马哈太阳报》相关企业。另一家是盖特韦承保公司（伯克希尔控股 70%），承保业务是保险部门的重要业务。盖特韦承保公司是一家批发经纪商，为经纪人提供承销机会，这家公司至今依然在运营之中。

现在，巴菲特宣布他希望集中精力于控股公司，因此，蔡斯说他预期伯克希尔 – 哈撒韦不会再"购买更多有价证券"。有鉴于后来发生的事情，这是个相当有趣的声明。伯克希尔后来以股票投资的成功而闻名于世，例如购买华盛顿邮报、可口可乐股票而大赚特赚。这也表明，构建这个企业帝国，并不是巴菲特既定的宏大计划步步推进的成果，而是在不同阶段采取不同策略应用他的重要原则的结果。

巴菲特的重要原则包括：

◎ 寻找高资本回报率的企业。

◎ 保持低风险，例如避免大量负债带来的风险。

◎ 成为投资者，而非投机者：深入分析企业，追求合理回报，建立安全边际。

资本使用

在伯克希尔的版图里，有 1600 万美元放在纺织业务上，伊利诺伊银行有 1700 万美元净资产，保险公司约有 1500 万美元。

将银行和保险这两块业务的利润放在一起，巴菲特估计"它们正常的盈利能力约为每股 4 美元。[69]"如果考虑到合伙公司投资伯克希尔的每股平均成本仅为 14.86 美元的话，这是相当优异的成绩。

而且，巴菲特判断多元零售公司和伯克希尔公司未来都具有不错的成长前景："我的个人看法是，这两家公司的内在价值数年之后会有显著增长。尽管没有人可以预测未来，但如果它们的增长没有达到每年 10% 的速度，我会感到失望。尽管股票的市场价格会围绕内在价值宽幅震荡，但长期而言，总有一天内在价值会反映在市场价格上。所以，我认为长期持有这两只股票是非常不错的，我很高兴将我的绝大部分身家投在里面。[70]"

蔡斯和巴菲特都明确表示，会继续寻找并购的机会。

学习要点

1. 重要原则比宏大计划更为重要。

以合理价格买进低风险的、具有良好资本回报的企业，这是非常重要的原则，这一原则可以各种不同的方式应用。在应用这些原则的同时，巴菲特和伯克希尔前进的方向并非在一开始就可以预见到。

2. 内在价值是关注的焦点。

市场或许会在一段时期内将股价推动偏离其内在价值，但最终，价格会反映价值。

3. 资本配置是巴菲特投资表现优异的核心。

对于多个行业的估值分析，使得巴菲特和他的管理团队幸免于短视，避免了仅专注单一公司类型所导致的灾难性后果。资本配置对于公司而言会产生一个机会成本，用于衡量另一项替代投资可能取得的最佳回报。也就是说，如果资金被投资于行业 A 的一家公司，我们需要知道，这笔资金因此就无法被投资到行业 B。这样，当我们进行判断的时候，第一个公司的回报如果是 10%，我们会将这个结果与最佳替代方案相比较——在这个举例中是行业 B（假设 A 和 B 的风险水平一致）。如果行业 B 中的公司预期回报为每年 9%，那么，应该投资 A 而不是 B，我们就这样创造了价值。如果有一揽子公司和行业可以作为替代方案，那么，资本回报应该能上升，因为可供选择的范围更大了。

案例 18

巴菲特合伙公司的终结
(Buffett's Investment In Sanity)

1969 年，沃伦·巴菲特忙于为伯克希尔 – 哈撒韦增添新的子公司，但股市上其他买家的情绪态度，令他变得愈加忧心忡忡。这种态度可以用当时一家知名大型基金公司的基金经理的说法来证明，当时这家基金公司刚刚开展了一项新的顾问服务：

"国内国际经济环境日趋复杂，使得资金管理变成一项全天候的专业工作。一个优秀的基金经理人不能仅仅满足于以周为时间单位，甚至不能以天为时间单位进行证券的分析研究，证券研究应该以分钟计，必须关注每一分钟的动向。"[71]

对此，巴菲特幽默但绝对理智地回应如下：

"哇！这帮家伙搞得我连出去喝罐百事可乐都感到有负罪感。设想一下，越来越多手握巨资的人跃跃欲试，但可投资的合适证券却非常有限，这样导致的结果往往极难预测。这个场面看起来很热闹，也很糟糕。"[72]

巴菲特从格雷厄姆那里学到的，以及他自己也在不断反复强调的是：

◎ 投资事关对企业的理解，需要进行透彻分析。

◎ 股票市场上，短期或中期的股价变动往往与企业实际状况并不必然相关。长期而言，市场会反映企业的内在价值，但是在此之前，长达数月或数年的时间里，可以确定，市场会发生一些不可思议的事情。

不论是在今天还是 1969 年，巴菲特的上述描述都是准确的。

没有股票可买

巴菲特接着表示，在坚守自己投资原则的前提下，他很难发现值得投资的公司：

　　"我要强调一下，目前适合投资的股票，在质量和数量上都处于历史的低点……德州仪器公司的达拉斯总部挂着一块牌子，上面写着，'我们不相信奇迹，我们创造奇迹。'有时候，我觉得我们办公室的墙上也应该挂一块这样的牌子。一个上了年纪的棒球手，身材发福，腿脚不灵，眼神也不济了，他作为替补出场，有可能精准地打出一个全垒打，但你不会因此而改变球队的首发阵型。未来我们将面临诸多重大的不利因素，我们不至于一事无成，但总体利润可能低于平均水平。"[73]

当然，除了负面信息之外，也有正面信息：如果你能坚守正确的投资原则，那么在市场不存在折扣的情况下，你就会停止投资行为，你的投资资本以现金的方式积累着。然后，当股市出现大量折价股票的时候，你可以主动出击。这种方法可以让你免受市场情绪干扰。

低成本运营

在这段时期，巴菲特对节俭发表了自己的看法。对于一个成功的基金经理是否需要有一个大型的研究团队作为支撑，他也发表了意见："1962年1月1日，我们合并了之前的合伙公司，我不在家里办公了，并聘请了公司第一个全职员工。那时，我们的净资产达到了7 178 500美元。从那时起到现在，我们的净资产达到了104 429 431美元，而我们的员工只增加了一个人。"[74]

巴菲特决定退休

最终，巴菲特对于投资环境实在感到不适应，于是他宣布了退休计划，当时他只有38岁。1968年5月底，他发出了一封令投资伙伴震惊的信。

对于股票市场产生的令人不安的情绪，以及继续将自己的全部精力和时间投入在股票分析研究上，因而无暇顾及家庭生活，他进行了深刻的反省。

18 个月前，他第一次提出需要改变人生的方向时，他否认自己会辞职，但他的确说过希望能够轻松一点，这样好有更多时间陪伴家人，用于其他的兴趣爱好，以及在旗下控股公司中投入更多努力，构建长期的框架，与他喜欢、信任、欣赏的人一起工作。巴菲特喜欢构建这样的关系，即便这样做意味着或许更低的资本回报率。

在那 18 个月的时间里，绝大多数伙伴持有的观点是：巴菲特应该留下来继续工作——即便预期回报率不像以前那么高，他依然是一个杰出的资金管理人。但是，到了 1969 年 5 月底，巴菲特下决心尽快结束合伙公司。

市场不再有利

首先，巴菲特解释了他对于市场环境的挫败感：

"第一，通过定量分析能找到的投资机会消失了，这样的投资机会在过去 20 年内持续稳定地减少，现在已经几乎全部消失。

"第二，我们的资产已经达到了 1 亿美元之多，这样巨大的规模使得我们在目前这个机会原本就有限的市场里，更加难以寻找合适的标的。因为 300 万美元以下的投资对于我们整体资产回报的表现并没有什么真正的影响，仅仅这一条就像一个门槛，已经将市值低于 1 亿美元的公司，排除在我们的投资大门之外。

"第三，人们越来越关注投资业绩，这导致了操作上的短期倾向，整个市场投机氛围越来越重（至少我是这么看的）。"[75]

即便巴菲特发现了便宜的股票（尤其是净流动资产价值便宜），通常这类公司的规模会比较小，以至于他无法投资，因为巴菲特只有买进较大规模的股票数量，才能对整个投资组合产生有分量的影响。

对于将短期投资表现与股市大势进行比较的做法，巴菲特极为反感，他不想与那些短线投机客去竞争，他现在对控股公司更有兴趣。

个人原因

巴菲特惋惜地说，他早前已表达过，要将原先百分百对合伙公司的专注转移一些，要放慢脚步。然而，他内在的性格使得他无法放慢速度，他不忍心让大家失望，他喜欢在自己从事的行业里出类拔萃。

"在过去18个月里，我的努力完全失败了……只要还待在这个'舞台'上，管理众多合伙人的资金，定期公开业绩，承担着实际上的责任，我就永远无法在合伙公司之外的任何活动上投入持续的努力……我不想一辈子做一只追逐投资收益的疯狂的兔子。"[76]

随后，他透露了爆炸性消息："有关我的退休计划，年底之前，我打算给所有合伙人发出正式通知。"[77]

合伙公司解散后合伙人资金的去向

出于强烈的责任感，巴菲特在 1969 年并不打算简单地结束合伙公司，他一直在考虑解散公司后，如果合伙人不打算自己投资，该如何处置收到的资金。他的想法如下：

◎ 推荐一位资产管理人的替代人选。这个人必须德才兼备，既有诚实的品德，又具有能力。他"在未来应该干得和我未来可以达成的业绩一样好，甚至更好（尽管绝对无法重演他或我过去的表现）[78]"。这不是骄傲，因为巴菲特认为他无法复制过去的优异表现。此外，对于这位资产管理人还有一个标准，就是他愿意接受小额的资金，接受资金有限的合伙人。

◎ 合伙人可以自由选择，选择接受现金或有价证券，这些证券"代表的公司前景以及价格都是我非常看好的，但如果合伙人希望变现，他们也可以随时兑换成现金[79]"。

◎ 合伙人可以持有伯克希尔 – 哈撒韦和多元零售公司相应比例的股份。但是合伙人被告知这两家公司的股票"不能自由地交易（因为 SEC 对控股类股票以及非注册上市的股票有多项限制规定），在很长时间里也可能无法转让，也不一定有分红[80]"。

重大决策

从根本上而言，巴菲特希望合伙人或者选择现金，或者选择这两家公司其中之一或两家的股票，这两只股票的风险是流动性差，没有分红。如果是你，你会怎么选？

当然，事后看来，我们应选择全部投入伯克希尔－哈撒韦，因为当初的每一个 1000 美元最终都会变成数百万美元。但是，当时而言，伯克希尔所拥有就是一摊日渐衰败的纺织业务、一家年资本回报率约 20% 的奥马哈小型保险公司、一家回报不错的小银行、一家小型报纸以及一两个更小的企业。至于多元零售公司，实际上也根本不像它的名字一样多元，它就是一家连锁零售商店，卖些便宜货，而且它的大部分商店位于城镇里并不繁华的社区。总之，在当时的情况下，这个决定并不那么简单。

然而，对于很多合伙人而言，令人摇摆不定的决策因素是巴菲特在伯克希尔和多元零售公司上的后续参与程度。他们支持这个人，尽管迄今为止这两家公司的成功都是有限的。巴菲特坦诚地谈论了关于这两家公司的想法（注意，他强调的是人和关系）：

> "我非常喜欢我们控股公司的经营者（现在又新加入了罗克福德的伊利诺伊国民银行信托公司，其资产超过 1 亿美元，经营极为出色，是伯克希尔今年年初收购的），我希望这种关系能持续终生。可以肯定地说，我绝不会仅仅为了高价，而出售一个由我喜欢和

欣赏的人经营的控股公司。但是，在特定情况下，或许会出售控股公司的某一个业务部门。"[81]

巴菲特的愿望——在精彩中结束

巴菲特说他对合伙公司有一个最终的目标，"在精彩中结束"。可惜事与愿违，1969 年是个糟糕的年份。他希望最好的情况是"在给合伙人支付每月分红之后，我们在 1969 年保持不亏不盈的状态[82]"。

巴菲特承认，如果股市还能发现宝贵的投资机会，他愿意延迟一两年再清算合伙公司："坦白说，尽管前面说了这么多，但如果我能得到一些特别好的投资机会，我还是愿意在 1970 年甚至 1971 年继续管理合伙公司。不是因为我留恋，只是因为我认为在好的年份结束胜过在坏的年份结束。然而，我没有发现任何合理的有希望的机会，可以提供这样一个好年份来结束。我也不想拿着别人的资金'碰运气'。我不习惯现在的市场环境，也不想仅仅为了逞英雄，而在一个我不懂的游戏中继续尝试，结果破坏过去良好的投资纪录。因此，我们将在今年清算持有的股票。"[83]

推荐比尔·鲁安接手资金管理

巴菲特为他的合伙人提供了相当漂亮的持续性回报。但他所推荐的第一人选——比尔·鲁安的基金 1962 年曾大跌 50%，到 1963 年他管理的基金刚刚回本。1969 年 10 月，在巴菲特向合伙人推荐鲁安时，鲁安的基金刚刚在前 9 个月又跌了 15%。当我发现这样一段历史细节时，非常好奇。因为鲁安的短期表现不佳，但巴菲特依然认为他是最佳人选。

问题的关键在于：巴菲特为什么大力推荐鲁安？巴菲特到底看到了什么，让他断定鲁安将来会有杰出的表现？首先，鲁安的整体绩效表现良好。从 1956 年到 1961 年，以及从 1964 年到 1968 年，鲁安所有客户账户的综合平均回报，均超过年化 40%。就这个纪录而言，鲁安比巴菲特干得还要好。更为重要的是，鲁安也奉行稳健的投资原则。

投资家比尔·鲁安

1949 年，鲁安从哈佛商学院毕业，毕业之后，他循着常春藤大学的传统路径，进入华尔街。再之后，就像巴菲特在他那次伟大演说《格雷厄姆和多德部落的超级投资者们》（1984 年在哥伦比亚大学）[84] 中提及的："他意识到自己需要接受真正的商业教育，所以到哥伦比亚大学参加了本（·格雷厄姆）的课程。"正是在格雷厄姆的班上，21 岁的巴菲特与鲁安相遇。作为多年的相知，巴菲特非常了解鲁安。

巴菲特认为鲁安是一个真正的投资者，综合考虑人品、能力，以及能否长期为所有合伙人服务等要素，鲁安就是最佳人选。[85] 在给合伙人的信中，他称赞鲁安的品行："我与鲁安相识多年，我对他的品行、脾气、才智都非常了解。如果苏茜和我离世，而我们的孩子还小，我委托了三个人全权处理投资事务，鲁安是其中之一。"[86]

附加说明

巴菲特极为理性和诚实，他会尽力保持这种品质，使得看错人的概率降到最低：

> "判断一个人在未来的表现如何，尤其是在未知的环境中，无论如何也无法完全排除犯错的可能性。然而，必须做出决策，无论是主动的，还是被动的。我认为选择比尔，从他的品格来看，有极高的概率是正确的，从他的投资表现来看，也有极高的概率是正确的。同时我认为比尔会在这个行业中干很多年。"[87]

来自格雷厄姆 – 多德部落的投资者会持有相同的股票吗

巴菲特注意到，尽管他与鲁安师出同门，都是出自格雷厄姆 – 多德部落，但他们还是有不同之处，即使在同一时期，他们的持股也少有相同。

的确，在哥伦比亚大学的那场演讲中，巴菲特描述了 8 位价值投资者的表现，他们都直接师从于格雷厄姆，但他们的投资组合几乎完全不同。更有甚者，即便都属于价值投资门派，他们每个人的风格也不一样。例如，沃尔特·施洛斯（他是

1954 年格雷厄姆 – 纽曼公司的四位员工之一，他是分析员，不是合伙人）专注于财务数据，投资组合十分广泛（持股超过 100 种不同股票），而加州的查理·芒格持股非常集中，专注于那些具有强大经济特许权的公司，而且不太看重资产负债表。

当然，格雷厄姆 – 多德部落的投资者们也有很多共同点，例如：

◎ 分析企业，而不是分析股票市场的波动。

◎ 构建安全边际。

◎ 只追求合理的回报。

◎ 懂得并会利用市场先生的情绪，而不是卷入其中。

比尔·鲁安之前的资金规模

直到巴菲特推荐之前，鲁安管理的资金规模大约为 500 万到 1000 万美元之间，但到了 1969 年，他管理的资金从 2000 万增加到 3000 万美元。如果他管理更大规模的资金，或许会遇到困难，这也是巴菲特担心的：

◎ 资金规模的增加"会拖累投资业绩[88]"。随着投资标的最小市值要求提高，可以寻找到的折扣价格机会就会变少。

◎ 他可能要投入更多精力在企业的管理运营中，而不能将全部时间都用来思考投资本身。

◎ 如果他过去表现优异，接下来他会有很大的可能表现一般，"在未来 10 年，主动投资做得再出色，超越被动投资的优势都非常有限 [89]"，其中原因是，与历史相比，当今的市场情况已极为不同。

尽管有这些不利的方面，巴菲特说这些"并不会导致糟糕的业绩，而更有可能导致平庸的业绩。我认为这就是你们跟着比尔的主要风险——而业绩平庸并不是可怕的风险 [90]"。鲁安成立了红杉基金，用以管理来自巴菲特合伙人的资金。

巴菲特合伙公司的终结

1969 年 11 月下旬，巴菲特提前 30 天发出了通告，告诉合伙人自己将要退休。在之前的一封信里，他提到现金分配的方式，分配比例为 1969 年年初公司价值的 56%，按每个合伙人的权益比例分配。但是，由于他卖出股票的价格高于预期，所以这个数字在 1970 年 1 月变为 64%。

此外，合伙人可以得到多元零售公司和伯克希尔 - 哈撒韦公司的相应股份。然而，如果他们选择处置这些股票，他们得到的现金会比 1969 年 1 月 1 日多出 30%～35%。即便如此，还可能剩下一些与证券有关的资本。巴菲特预计可以在 1970 年上半年卖出这些证券，这样还会再有一轮现金分配。巴菲特相当理性，并没有在 1970 年上半年匆忙处置这些证券，6 月之后还有一些股票尚未出清，最后一次的分配也处于悬而未决的状态。

两家公司

1969 年年底，巴菲特合伙公司持有：

◎ 多元零售公司总股本 1 000 000 股中的 800 000 股。多元零售 100% 持有联合零售公司。

◎ 伯克希尔 – 哈撒韦总股本 983 582 股中的 691 441 股，约合 70%。

巴菲特不打算卖出这两家具有吸引力的公司，他同时也告诉合伙人，自己将大部分身家都投入了这两家公司，他相信公司的前景不错。

合伙人式信托责任的终结？

巴菲特坦率地宣称，他与合伙人之间的关系已经发生了变化。对于多元零售公司和伯克希尔 – 哈撒韦公司的股东而言，巴菲特仅仅是公司的股东和董事而已。他已经不再是管理合伙人，也不再承担相应的道德或法律责任。巴菲特这么说并没有问题，但我们知道，抛弃一贯的管理作风或家长式的责任感，巴菲特是做不到的。

如果你了解沃伦·巴菲特，如果你见过他本人，就一定会知道，他对待股东的态度，和他对待合伙人一样。他欢迎所有的股东到奥马哈来，让他们尽可能多地了解公司状况，并且他的管理才能和投资服务实际上可以说是免费提供的。

但回到当年，他一直在试图减轻肩上的责任。他在 1969 年 12 月 5 日的信件中，提到他不想负担持有这些股票的责任，也不想总是将时间花在这上面：

> "我想强调的是，未来你们持有这两家公司的股票后，我与你们不存在管理或合伙关系。你们可以自由处置手中的股票，当然，我也有同样的自由。我认为我自己会有很大可能性，在相当长的时期持有多元零售和伯克希尔股票。但是，我不想有任何道义上的承诺，也不想对任何人就他们的持股在未来表现如何有任何建议。当然，这些被投资的公司会告知全体股东公司的情况，你们会收到它们的报告，可能每半年就有一次。如果我一直持有这些股票，正如我完全希望的那样，我参与公司活动的程度取决于我在其他方面的兴趣。我在公司决策方面会居于重要位置，但我不想承担被动型股东以外的责任，除非我有别的兴趣。" [91]

学习要点

1. 市场情绪的变化对于价值投资者而言也是莫测难料的。
   此时需要谨慎小心。

2. 有良好安全边际的投资机会欠缺时，在投资组合中保留较多的现金是适当的策略。

3. 你应该与正直且勤奋的人为伍。

4. 短期表现（一年或更短）对于衡量投资能力毫无意义。
   奉行稳健的投资原则，好结果自然随之而来。

5. 小投资者有自己的优势。
   小投资者的资金数量较少，这样就扩大了他们可选择的投资标的范围。

蓝筹印花公司
（Blue Chip Stamps）

投资概要	投资对象	蓝筹印花
	时间	1968 年至今
	买入价	300 万~400 万美元（最初）
	数量	7.5% 股份（最初）
	卖出价	被伯克希尔公司合并
	利润	数亿美元

1969 年年底，巴菲特合伙公司已经持有了大量蓝筹印花（BCS）股票，约占合伙公司 6% 的资金。这些股票是从 1968 年开始买入的，当时蓝筹印花公司的市值约为 4000 万美元。查理·芒格与他的朋友，同为格雷厄姆学生的里克·盖林也发现了蓝筹印花的机会，于是也买入该公司的股票。

之后，巴菲特打算卖出一些持股，其中包括合伙公司持有的 371 400 股蓝筹印花股票（相当于蓝筹印花 7.5% 的总股本），以便把现金分给合伙人。他认为股票应该值 24 美元左右。但随之而来的股市下跌，导致承销商的出价非常低，而且还在不断下调。

最后，只注册上市卖出了一小部分，大部分股票还是留在了巴菲特手里，他在信中写道：直到发现"更有利的处置方式，或是最终分配给我们的合伙人……这可能会等上一年或两年时间"[92]。事后的结果证明，这只被迫留下的股票赚了很多钱。

现在，让我们回顾一下巴菲特合伙公司最初是如何投资蓝筹印花公司的。

印花业务

20 世纪 60 年代末期到 70 年代初期，很流行从零售商那里收集印花。当你购物之后，在找回零钱的同时会得到很多印花——加油站就发出了很多这样的印花。你将这些印花拿回家，将它们贴在本子上，一页又一页。这些贴满印花的本子，待攒够了一定数量，可以换取烤箱、水壶、桌子等物品。蓝筹印花业务的亮点在于它能从零售商那里收取费用——先收取现金，这些现金日后会用于购买烤箱等商品。

值得注意的是，在零售商为印花支付现金之后，顾客前来兑换之前，蓝筹印花公司的账上有一笔现金，这就是浮存金。你有没有联想到巴菲特的旗下公司似乎也有类似情形？当然，就是保险业，客户在发生索赔之前要先支付保费。坐拥这些浮存金，蓝筹印花公司手里的现金越来越多，人们或是因为丢失了印花而不来兑换，或是因为积攒的印花太少无法兑付，或是他们压根就忘了这回事。

　　每年蓝筹印花公司大约向零售商卖出 1.2 亿美元的印花，公司手里的浮存金达到 6000 万美元到 1 亿美元之间。

为何蓝筹印花公司的股票便宜

　　蓝筹印花公司在 1956 年由 9 家大型零售集团创立，这些发起公司中包括加油站，他们会发放印花。其他零售商也可以发放印花，但他们不能插手印花公司的经营，也不能分到利润。当这些小零售商得知蓝筹印花公司能以此获利，便上告反垄断部门，1967 年，蓝筹印花公司得到通知，必须全面重组。

　　结果是，蓝筹印花公司必须向这些小零售商发行股份，吸收他们成为公司股东，股份发行之后，新股占比达到 55%，这些股票可以在市场上出售。

　　数以千计的小零售商最终得到了这些股票，但他们并不真的想持有，于是纷纷抛出，导致股价下行。这时，巴菲特、芒格和盖林却如饥似渴地买进。

　　巴菲特在 2006 年的致股东信中提到了蓝筹印花公司：

　　　　"芒格和我常常可以引领风潮，在早期就抓住一些前景大好的商业趋势……我们两人在 1970 年就涉足了印花兑换的生意，我们购买了蓝筹印花公司。那一年，该公司的销售额是 1.26 亿美元，它的印花贴纸在加利福尼亚州随处可见。1970 年，大约有 600 亿张印花被顾客收集成册，拿到蓝筹印花的兑换店里兑换商品。我们兑换商品的目录册有 116 页，里面印满了吸引人的商品……我被告知，甚至妓院和殡仪馆都会给客户发放印花。"[93]

巴菲特和芒格最终主导了蓝筹印花公司的董事会，并且接管了投资委员会。这样一来，巴菲特又多了一大笔可以投资的资金。

巴菲特运用蓝筹印花公司资金的案例

蓝筹印花公司的投资对象之一，是喜诗糖果，投资发生在1973 年。该公司至今依然为伯克希尔 – 哈撒韦公司所拥有。这项 1973 年的收购，价格为 2500 万美元，后来仅追加了 4000 万美元，至今已经创造了 19 亿美元的税前利润。这个激动人心的投资故事将在下一章详细叙述（见案例 20）。

学习要点

1. 对于一个经验丰富的投资者而言，浮存金是获得额外回报的非常有用的工具，可提供无息资金。

   浮存金（就是公司掌握的在相当时期内可供投资的储备金）在很多类型的企业都存在，不仅仅是保险公司，例如，发行印花、圣诞篮俱乐部以及一些控股公司。

2. 当很多股票持有者三心二意的时候，往往是买家买进的好机会。

   如果很多股东对公司都不够忠诚，股价会被压低。

3. 经营有问题的企业未必是糟糕的投资。

   如果能重新分配已有资源，可以创造出超额回报。

4. 与志同道合的投资伙伴合作，可以获得更大的影响力，进而为全体股东创造更大的价值。

   通过合作，巴菲特、芒格和盖林得以掌控蓝筹印花公司，使公司的盈利来源变得更好。

喜诗糖果

(See's Candies)

	投资对象	喜诗糖果
投资概要	时间	1972 年至今
	买入价	2 500 万美元
	数量	全部股份
	卖出价	仍为伯克希尔公司全资拥有
	获利	20 亿美元，还在持续增长中

这一年，39 岁的巴菲特管理合伙投资公司已经 13 年，取得了年化复利回报 23.8% 的投资业绩，这是巴菲特收取管理费之后的业绩。如果计算费前回报，年化回报率是惊人的 29.5%，相较而言，道琼斯指数在同期的年化回报率为 8%。每一个 1957 年投资了 1 万美元给巴菲特合伙公司的人，1970 年大约可以得到 16 万美元。

1969 年，当合伙公司解散时，一共有 99 个合伙人。他们会分到 64% 的现金，其余部分是伯克希尔 – 哈撒韦公司和多元零售公司的股票。有些人希望解散时全部变现，出售分配给他们的股票。合伙公司余下的资金持有 371 400 股蓝筹印花公司股票（相当于该公司总股本的 7.5%），巴菲特打算尽快将这些股票出售，收回现金分配给合伙人。

很多投资者注意到巴菲特会继续持有伯克希尔－哈撒韦公司和多元零售公司的股票，他们决定继续跟随，至少他们打算持有一部分这两家公司的股票。尽管巴菲特先前已经告诉他们，持有这些股票可能流动性很差，或压根无法流通，也没有分红。但是，这些投资人普遍的态度是：如果巴菲特愿意持有这些股票，他们也愿意。至于这个投资决策的依据，知道巴菲特愿意买这些股票，这就足够了。

巴菲特持有合伙公司 1/4 的股权。从一个四处寻觅赚钱机会的男孩，一路走来，巴菲特不择细流、聚沙成塔，如今他已经非常富有，这是一条漫长的道路。此时的巴菲特可以选择退休，过上优哉游哉的奢华生活，但这种日子对于巴菲特没有丝毫的吸引力，他喜欢商业活动带来的快乐，喜欢经商带来的智力挑战，喜欢在伟大的画卷上尽情挥洒。

尽管他也做一些其他事务，例如管理巴菲特慈善基金会——该基金会每年为 50 名黑人大学生发放奖学金，但巴菲特的主要精力还是投入到了投资事业中，此时他的工作重点主要是控股企业。

日常工作

巴菲特企业帝国的控制中心位于基维特大厦的一个小办公

室，距离他在奥马哈的家不远。一般情况下，他早上 8:30 到下午 5:00 在办公室度过，大部分时间是打电话（包括与查理·芒格的通话），或是阅读。在这个总部办公室里，只有四五个助理处理日常事务，包括：与证券经纪商打交道、会计记账、对外联络沟通。

赚钱机器

巴菲特决定将他的大多数财富投入伯克希尔公司。除了从合伙公司获得的伯克希尔-哈撒韦股票，他还迅速加仓买进，截至 1970 年春末，巴菲特夫妇大约持有 29% 的伯克希尔股票。当时伯克希尔的股价约为 43 美元/股。这样，他持股的市值大约有 1200 万美元。

他还持有多元零售公司约 40% 的股票，该公司总股本为 100 万股。（根据有形资产测算），该公司每股大约值 12 美元，所以，巴菲特持股的价值约为 500 万美元。

此外，他还有遇到麻烦的蓝筹印花公司的股票。1969 年，他本打算卖掉该股票，但是萎靡不振的股价，使他的计划未能实施。巴菲特于是打算留着这些股票，最初，他仅仅持有个位数百分比的股票，但是到了 1969 年年底，他持有的蓝筹印花股票占比已经上升到了两位数。

现在，如果巴菲特愿意，他可以惬意地靠在椅子上，双手置于脑后，满心欢喜地在心中细数他那一个个完美的赚钱机器：肯·蔡斯管理着纺织厂、尤金·阿贝格管理着伊利诺伊国民银行、杰克·林沃尔特管理着国民保险公司、本·罗斯纳管理着联合零售商店，还有其他信任的人管理着较为小型的企业。这些优秀的经理人每月将公司财务数据上报给他，巴菲特就这样一边阅读着财务月报，一边看着现金源源不断地流入。

但是，巴菲特却不甘心止步于此。这些公司创造的维持自身运营之外的现金，可以使用在其他地方，这是可以用于投资的现金流！这实在是太有诱惑力了。这些公司都有各具特色的浮存金，巴菲特认为应该将这些自由现金流进行良好的配置，在这个配置过程中，他可以获得在投资领域发现新机会的乐趣。

巴菲特在 1970 年持有的三只潜力股

1. 伯克希尔 – 哈撒韦公司

巴菲特持有伯克希尔 – 哈撒韦 29% 的投票权，加之公司其他股东的忠心耿耿，这些股东很多都是之前巴菲特的合伙人，这种情况使得巴菲特可以主导董事会，并且能够进行资产配置的决策。这样，伯克希尔 – 哈撒韦逐渐从 20 世纪 60 年代业务单一的、拥有 2200 万美元有形净资产的纺织企业，变成了一个小型的拥有 5000 万美元有形资产的多元化企业综合体。其资产大致均分于三个不同的业务类型：

◎ 利润微薄的纺织业务。如果还算有点利润的话，1969 年曾经是较好的年份之一，资产回报率为 5%。

◎ 近期刚收购的伊利诺伊国民银行（罗克福德银行）。

◎ 一家保险公司。这家公司已经从商业车险扩展到劳工保险和再保险业务。对于巴菲特而言，这家公司既有会经营保险业务、创造利润的管理层，又有 3900 万美元的浮存金可供投资。

另外伯克希尔还有 200 万美元投资在其他地方。减去收购罗克福德银行的 700 万美元负债之后，有形净资产为 4300 万美元，这几乎与伯克希尔 – 哈撒韦的市值差不多。出于历史完整性的考虑，我必须提醒一下，此时的伯克希尔 – 哈撒韦公司还持有《奥马哈太阳报》和布莱克印刷公司，但是它们的体量都很小，并且在未来的整个控股公司中没有太大表现。

整体而言，1969 年伯克希尔 – 哈撒韦的平均股东权益回报超过 10%，这些回报包括了还处于成长期的银行业务和保险业务。如果单独计算，巴菲特 1969 年曾经说过，国民赔偿保险公司的资本回报率约为 20%。

巴菲特推算银行和保险公司的获利能力加在一起大约是 400 万美元（虽然是预计，但部分是基于过去已有的信息）。投资 3200 万美元的有形资产，创造出 400 万美元的现金流，等于资本回报率为 12.5%。

你会在 1970 年投资伯克希尔－哈撒韦吗

我想你会认为这些数字还不错，但不至于到令人拍案叫绝的地步，还看不出来有朝一日伯克希尔－哈撒韦会跻身于美国四大公司之一。实际上，如果我可以穿越到 1970 年，如果有人让我分析一下伯克希尔－哈撒韦，我可能会得出这样的结论，尽管公司有一个了不起的船长，公司业务本身却相当平淡无奇，也没有显示出能长期维持高回报率的能力。在市场上，伯克希尔公司股价的升幅也并不比每股账面价值高，这并不令人意外。

在一家企业没有显示出激动人心的未来成长之前，很难给人留下深刻印象。

也许，有那么一天突然灵光一现，我或许会意识到伯克希尔旗下银行产生的利润现金流、旗下保险公司拥有的 3900 万美元浮存金、来自纺织业务的微薄利润，以及保险承销的利润，这些都可以投资到其他地方。这样，月复一月，巴菲特都有现金可供使用。如果他能控制更多的保险公司，就会有更多的浮存金。

当然，作为保险理赔的准备金，绝大部分浮存金必须投资于非常安全的投资品种上，也就是投在国债和债券上，而不是股票。不过，总是会剩下一部分可以投资在股票上，让巴菲特得以大显身手。但事情并非像听起来那样完美，至少在近期的将来是这样，因为1970年巴菲特在股票市场上并不活跃，原因是他找不到便宜货。

为了做出冷静的评估，我会审视巴菲特收购的每一家公司。当时，巴菲特商业帝国的构成仅有一家可怜的纺织公司、一家新收购的银行及其年长打算退休的行长、一家小型的保险公司。看到这些，我或许会认为无论巴菲特如何努力，伯克希尔这艘船都无法走得太远。巴菲特曾经说过，他仅预期400万美元的股东盈余能以年化10%的速度增长。这并不是一个了不起的速度，如果不进行分红，公司的有形净资产会同步增长。

考虑到伯克希尔 - 哈撒韦在1970年的平凡背景，巴菲特的伟大故事并不是注定会发生的，伯克希尔也不是注定辉煌的企业帝国。在职业生涯的很多时候，巴菲特手中的工具并不锋利，材质也不佳，但巴菲特将它们融炼为一体，实现了凤凰涅槃。

2. 多元零售公司

巴菲特持有的第二个潜力股是多元零售公司。20世纪70年代早期，巴菲特累计持有联合棉纺商店40%的股份，这家连锁商店有80家分店，后来更名为联合零售商店，这家公司税后利润约100万美元，大约相当于20%的资本回报率。

多元零售公司刚刚将霍希尔德·科恩公司出售给了通用超市公司，收到了504.5万美元。此外，作为补偿，多元零售公司还持有通用超市公司两笔债权，一笔是 1970 年年初到期的 200 万美元，另一笔是 1971 年年初到期的 454 万美元。这样，巴菲特可以在接下来的几个月里，拿到合计超过 1100 万美元的现金。加之另外还有其他大笔资金可用于投资，当市面上的公司和股票在以折扣价大量出售的时候，巴菲特已经准备好大展拳脚了。

3. 蓝筹印花公司

巴菲特持有的第三只潜力股是蓝筹印花公司。这家公司曾经是一个麻烦的烫手山芋，它的印花销售业务已经日薄西山，从经营层面而言已经没有什么价值了。巴菲特曾经在 1969 年 12 月 31 日给合伙人的信中，陈述了他对蓝筹印花公司的想法："等待有利时机处置，或最终分配给合伙人。"不过现在他似乎有其他想法，因为这里有巨大的可供他投资的资金。蓝筹印花公司拥有的浮存金甚至比伯克希尔还多，将近 6000 万到 1 亿美元之间，而且，公司的投资委员会在巴菲特和芒格的牢牢掌控之中。

未来的锦绣前程

综上，从企业运营的角度看，巴菲特控制了一些小型公司，作为他新职业生涯的起步并不起眼，他如何打好手中的这副牌，书写出动人的故事，这里有太多功课需要做，包括如何配置资产、激励员工和选择股票。

接下来的两年，巴菲特会做什么？

当巴菲特开始人生新阶段时，他遭遇了两种可能互相冲突的力量。

首先，一系列公司的运营（通常）产生源源不断的现金流。1970 年，金额约为税后 500 万美元，其中约 400 万美元来自伯克希尔－哈撒韦，100 万美元来自蓝筹印花公司。看看他们的成长：到了 1972 年，单单伯克希尔－哈撒韦一家的营业利润已经达到 1110 万美元。

第二种力量是巴菲特无法尽情地投资，因为他找不到足够多的便宜股票。

巴菲特手下有优秀的人才管理企业，他们懂得他的要求，那就是投入的每一美元都要产生满意的回报；如果资金投入在企业里却无法产生足够的回报，就应该上交给巴菲特，投到其他地方去。下面扼要叙述一下，看看巴菲特麾下优秀的公司高管们干得如何：

◎ 杰克·林沃尔特，66 岁，将国民赔偿保险公司经营得风生水起，取得两位数的资产回报率，使得伯克希尔－哈撒韦的保险业务不断成长。公司的再保险业务到 1972 年已经发展得颇有实力。此外，还收购了几家小型保险公司。

◎ 尤金·阿贝格，73 岁，管理伊利诺伊国家银行，他知道如何为伯克希尔－哈撒韦创造满意的资本回报。

◎ 肯·蔡斯，55岁，一直为伯克希尔－哈撒韦纺织业务的生存而奋斗，始终致力于削减资本开支，直到纺织业务收缩到伯克希尔净资产的1/5以下。

◎ 本·罗斯纳，70岁，掌管多元零售公司，有形净资产回报率超过20%。

伴随着企业运营产生的现金盈余，巴菲特看到他可以控制的浮存金增长如下：1972年，保险浮存金上升到6950万美元；1971年年初，多元零售公司的现金约为1100万美元，蓝筹印花公司约为6000万到1亿美元。

这样，巴菲特至少有三桶金可以用于未来的投资。每一桶金，也就是每一家公司，还有其他小股东的权益。巴菲特认为这些小股东都是忠诚和值得信任的合伙人，具有同样的价值观，巴菲特对待他们也绝对的公正和公平。

现在，让我们来看看巴菲特处置现金的一个案例——他在喜诗糖果上的投资。

喜诗糖果

喜诗太太

喜诗太太（Mrs. See）的肖像一直被喜诗公司用作市场宣

传，那是一张真实的老照片，通常印在糖果盒子上，照片中的人像真的是喜诗太太，她的名字叫玛丽，是查尔斯·A.喜诗的母亲。1921年，她和儿子，还有儿媳弗洛伦斯一起制作糖果出售，他们的事业从加州帕萨迪纳的一间小平房起步。喜诗糖果迅速以高品质和经典怀旧的风味赢得了口碑。在接下来的几年里，他们在加利福尼亚州开了几家连锁店，成了家喻户晓的品牌，人们吃着喜诗糖果长大。到了1949年，查尔斯的儿子劳伦斯接管了公司的运营，此时，喜诗糖果一共有78家分店。劳伦斯的兄弟——查尔斯·哈里·喜诗也在公司里工作。

查克·哈金斯

查克·哈金斯（Chuck Huggins）是巴菲特在喜诗糖果公司的关键人物，他一共提供了约20亿美元现金供巴菲特进行其他投资，所以，简要了解一下哈金斯的背景非常有必要。哈金斯1925年出生，第二次世界大战时当过伞兵，后来学习英语专业。在做了一段没有出头之日的销售工作之后，1951年，他得到劳伦斯·喜诗的面试并得到聘用。刚开始，哈金斯给总经理打下手，什么活儿都干，很快就崭露头角，并获得提升。1969年，57岁的劳伦斯·喜诗过世，他的兄弟哈里无心管理公司——据说他更希望享受"美酒与美女"。这时，哈金斯已经是这家拥有150家分店的公司的副总裁，他的老板要求他为公司寻找一个买家。

蓝筹印花的兴趣

1971 年，蓝筹印花公司的投资顾问罗伯特·弗拉赫里得知喜诗糖果公司有意出售的消息，他与蓝筹印花的一位高管威廉·拉姆齐一起给巴菲特打电话，表达了强烈的收购意愿。巴菲特的第一个反应是，他无意收购一家糖果公司，并认为价格太贵，然后就挂了电话。

当弗拉赫里和拉姆齐再次与巴菲特联系时，巴菲特已经看了喜诗公司的财务报表，他略微放松了自己的底线，表示愿意以某个价格收购这家公司。1971 年 11 月底，巴菲特、芒格和盖林前往洛杉矶的一家酒店会晤哈里·喜诗和查克·哈金斯。除了知道巴菲特这些人运营一些小型投资机构之外，喜诗这边的人对这些投资者一无所知。

作为一个在加州生活已久的人，芒格对于喜诗糖果相当熟悉，他非常了解喜诗在加州的品质声誉。喜诗糖果的品牌效应如此之强，如果它的竞争对手打算夺取市场份额，需要付出巨大的代价。喜诗糖果的粉丝具有极强的品牌忠诚度，近乎狂热。

做了一番了解之后，巴菲特说自己有意购买这家公司，但有一个前提问题需要解决，就是在收购完成之后，谁来管理这间公司的运营。巴菲特直言不讳地说，他这边没有人可以扮演这个角色。对此，哈里·喜诗回应说哈金斯可以担当此任。从蓝筹印花过来的三位代表问哈金斯可否第二天再次会晤，哈金斯答应了。在次日的会面中，他们问了很多问题，历时三个小时，哈金斯开诚布公地陈述了喜诗公司各方面的优缺点。

哈金斯发现无论是否提及公司的缺点，这些聪明的家伙迟早也会意识到，所以最好的方式是丑话说在前面。此外，考虑到如果交易达成，自己还需要与这些人一起共事，哈金斯明白建立在坦诚基础之上的关系是最佳之选。他坦诚、务实、理性的作风给巴菲特、芒格和盖林留下了深刻的印象。

反过来，巴菲特一行也给哈金斯留下了深刻印象。巴菲特问了一系列聪明的问题，并关注公司的核心业务。他现在可以放心了，与他一起共事的是一群非常聪明的人，是关心事业的老板，他们非常重视正直和荣誉。例如，他们希望哈金斯维护喜诗家族塑造的高道德标准的公司文化，维护并提升品牌的声誉，提供最高标准的服务。

他们希望哈金斯一如既往地经营公司，毕竟，哈金斯比他们更了解公司运营、员工以及顾客的情况。他们的角色是关注公司的长期发展，确保公司充足的资本支持，提升公司价值，帮助公司高管开阔眼界。

哈金斯对巴菲特、芒格和盖林的印象良好，如果蓝筹印花公司能收购成功，他将尽其所能将工作做好，推动公司的发展，虽然目前这件事尚未定夺。

收购喜诗

1971 年 11 月，对于是否购买喜诗糖果，巴菲特和芒格是有点犹豫的。毕竟，这家公司的有形净资产仅 800 万美元，税后利润仅 200 万美元。无论是从资产负债表，还是从损益表来看，3000 万美元的要价似乎都有点高。来自芒格的投资基金——惠勒·芒格公司的投资合伙人艾拉·马歇尔努力说服他们，这是一家与众不同的公司，值得更高的价格，他帮助芒格一起努力说服巴菲特。在上述所有的数字中，只有一项非常积极有利的因素，那就是：这家公司的有形资产税后回报率高达 25%。

当时，喜诗旗下产品的售价与业内主要竞争对手罗塞尔（Russell Stover）的产品售价差不多，但蓝筹印花公司的高层认为喜诗糖果具有尚未挖掘的定价能力，长期而言，其产品价格有望超过罗塞尔。他们发现如果蓝筹印花能以 2500 万美元收购，那么以税后 200 万美元利润计算，这笔投资的回报率可以达到 8%，这还没有考虑未来提价的因素（1971 年 11 月，美国十年期国债的利率为 5.8%）。

但是，如果考虑到巴菲特越来越相信的喜诗具有"没有上限的定价权"，喜诗的利润或许会处于一个迅速上升的通道，从税前 400 万美元很快增加到 650 万～700 万美元。要达到这一目标，只需每磅产品提价 15 美分（当时的售价为每磅 1.85 美元）。

考虑到巴菲特一贯秉承本杰明·格雷厄姆的投资原则，以有形净资产 3 倍的价格进行这场收购，于他而言是一个巨大的跨越，更不用说，如果仅按照流动资产计算，这个购买价格的倍数就更高了。他允许芒格和其他人将他的边界扩大，纳入那些在他的能力圈内具有优秀商业特许权的公司。

尽管巴菲特在思想上有所变化，但他和芒格还是为这场交易设定了一个严格的出价底线——2500 万美元，如果要价再高，他们就准备放手了。这个价格与哈里·喜诗的要价有相当的差距。最终，哈里同意以 2500 万美元成交，这样他可以继续过自己想要的日子了。整个交易于 1972 年 1 月 3 日完成，蓝筹印花公司收购了喜诗糖果 99% 的股份，另外 1% 的股份在 1978 年被收购。

收购之后

收购协议一经签署，哈金斯（被任命为公司总裁和 CEO）就和巴菲特达成了一项简单的薪酬方案。这个方案的达成仅仅用了 5 分钟，也没有写在纸上，但却持续了数十年之久。

巴菲特出自本能地开始热切关注与此项生意相关的关键点，特别是与财务相关的部分，例如白糖和可可期货。哈金斯并没有被要求必须与巴菲特或来自蓝筹印花、伯克希尔的其他任何人定期会面。不过，巴菲特希望定期收到有关营业额以及相关方面的统计数据。但是请注意，巴菲特需要这些数据并非是打算指导哈金斯如何出售更多糖果，或如何改善生意，他只是对结果感兴趣，尤其是资本回报率。

虽然巴菲特不会定期给哈金斯打电话或监督他，但如果哈金斯需要与他咨询或商议些事情，他们可以随时取得联系。哈金斯可以随时给巴菲特打电话，巴菲特会随时接听，万一未能及时接听，他也会在一个小时之内回复。

这种关系对于双方而言，更像朋友和知己间的平等合作，而不是老板与雇员。巴菲特从来没有命令哈金斯去做任何事，但当做出决策之后，他会帮助测试结果。巴菲特会根据自己积累的经验教训，指出哈金斯忽略的一些选项，但巴菲特不会坚持己见，仅仅是供决策者参考，由哈金斯自己做决定。

特许经营权

一路走来，喜诗公司一直坚持高品质的原则发展连锁店，从未偏离。它从来没有打算改变，也没有打算进行多元化。制作和销售糖果是它的专长，在这些领域里，喜诗具有持久的竞争优势，何必将公司管理层的精力分散到其他地方呢？或者，何必将公司业务扩展到那些并不在意糖果品质的消费者群体之中呢？

巴菲特和哈金斯都一致认为，必须保持经营特许权的构建，加深、扩宽公司的护城河，永远保证产品的品质，只用最好的原料，不添加防腐剂，做好客户服务，即便这样的坚持在短时间内会影响盈利水平，也在所不惜。

巴菲特曾经说过，投资者从来不会停止学习。即使他是本杰明·格雷厄姆的学生，而且已经有了数十年的经验，巴菲特也一直在学习。喜诗公司是一个很好的案例，它印证了一个品牌在人们心智情感中的重要性（巴菲特称之为"心智份额"，而不是"市场份额"）。这可以为产品提价奠定基础，并创造卓越的资本回报率。

这项交易决策在日后看来甚至具有更大的价值。正如巴菲特所说："你拥有可口可乐或这类公司的股票是一回事，但当你真正参与到开设分店、制订价格时，却是另一回事，你会从中学到很多。与喜诗公司的盈利相比，我们从喜诗赚到的钱远远超过喜诗本身，事实上，它教会了我一些东西，并且，我确信查理也从中受益匪浅。"[94]

扩张的尝试

1972 年，喜诗糖果一共拥有 167 家连锁店。从那时到现在，公司管理层、巴菲特和芒格一直在思考，喜诗的发展多年以来都集中于西部地区，尤其是集中在加利福尼亚州，这种经营状态是否令公司错过了巨大的潜在利润（是与投入的权益资本相比较而言）。

于是，他们动用了非常有限的资金，在其他地方尝试喜诗的模式是否可以成功。例如，在 20 世纪 80 年代后期，他们在科罗拉多州、密苏里州、德克萨斯州开了一些分店。但是，由于在品牌识别度方面准备得不够充分，这些尝试表现不佳，最终不得不关门大吉。这些州的人们不愿为一个不熟悉的品牌支付溢价。所以，在 20 世纪 80 年代，喜诗仅仅拥有 200 多家连锁店，这个数字与今天相仿。

然而，喜诗公司有一项扩张是非常成功的。虽然巴菲特总是自称太老了，不懂得高新科技，也不使用电脑和互联网，但是在现实中，他对于新技术有极好的把控力。正是巴菲特在 1998 年推动了喜诗网上销售策略，今天，网上销售已经成为喜诗糖果营收增长的重要源泉。

正如我们之前所看到的，巴菲特喜欢留住经验丰富的管理层。他设法说服哈金斯一直工作到 81 岁高龄，当哈金斯退休时，他已经在公司工作了 54 年，做了 33 年的 CEO。

2006 年，在保险部门为巴菲特工作了数十年之久的布莱德·金斯特接手管理喜诗公司。在金斯特手中，喜诗的业务没有多少改变。甚至到了 2012 年，公司所有的 211 家分店均位于芝加哥以西，其中 110 家分店位于加利福尼亚州。喜诗的分店都开在顾客喜爱其独特风味，并愿意支付溢价的地方，它也在机场开设销售亭。2012 年以后，喜诗扩展到东部。但是，这种扩展是小心谨慎的。首先，它在购物中心商场里以季节性手推车的方式销售。另外，在一些小城镇，如果发现当地有较大的需求，那么喜诗公司会开一家新店，但每家新店的投资会控制在 30 万美元以内。

定价权

关于定价的讨论

每年，巴菲特都会和 CEO 哈金斯一同商讨喜诗糖果的定价问题，他认为一定要有一个视野开阔、重视财务利益的人参与定价过程，这一点很重要。他感觉公司管理层可能会对提价反感，因为：

> "公司管理者只面对一家企业。在他的公式里，如果定价太低，这并不是什么严重的问题；但是如果定价过高，他会觉得生命中唯一重要的事情被弄砸了。并且，没有人知道提价之后会发生什么。对于管理者而言，这相当于俄罗斯轮盘赌。但对广泛涉及多个领域的首席执行官而言，情况却并非如此。所以，我想说，经验丰富的人以旁观者的视角审视定价这件事，在某种程度上是很有必要的。"[95]

对于喜诗的定价权，巴菲特开玩笑说："如果你拥有喜诗糖果，你对着魔镜说：'魔镜，魔镜，今年秋天，我的糖果应该卖多少钱？'镜子会说：'更多。'这是一个好生意。"[96]

定价权说明

有一个简单方法可以验证巴菲特和芒格对于喜诗糖果在提价方面的先见之明，那就是看一看喜诗 1972 年的销量，以及十年之后 1982 年的销量，同时看看营业额和利润数字。

表 20-1 显示，每磅糖果的销售价格上涨了 176%，而同期通货膨胀率为 137%。喜诗的营业额提高到 4 倍，主要是因为价格的上涨，还有一部分原因是分店数量增加了 21%，以及单店的销售磅数提高了 18%。

表 20-1　喜诗的定价、营收和利润（1972 年和 1982 年）

	1972 年	1982 年	增速（%）
销售磅数（万磅）	1 700	2 420	42
销售收入（万美元）	3 130	12 370	295
税后利润（万美元）	230	1 270	452
店铺数量	167	202	21
每磅销售收入（美元）	1.85	5.11	176
这 11 年间的通胀	—	—	137
单店销售磅数（磅）	101 800	119 800	18
单店销售收入（美元）	187 000	612 000	227

资料来源：Charles T. Munger and Donald A. Koeppel, Annual Report of Blue Chip Stamps (1982), p.34. Inflation data: inflationdata.com.

从表 20-1 可以看到，单店的销售收入提高到原来的 3 倍，利润却提高到 5 倍多。部分原因是销售价格的上涨，部分原因是运营成本不可思议的降低。除了在生产、分发、销售每一个环节的优良管理之外，喜诗还受益于当地的规模经济，特别是：

◎ 广告方面——例如，一条报纸或电视台的广告，便可以覆盖旧金山或洛杉矶等商业密集区的大量消费者。

◎ 分销方面——喜诗的产品从洛杉矶和旧金山的两家工厂发出，大多送到方圆 100 英里之内的范围。

1982 年，芒格（董事长）和科佩尔（总裁）在蓝筹印花公司年报中高度赞扬了喜诗：

"截至目前，喜诗是我们收购的最好的公司，超出了预期，我们原来的期望相当保守。我们对于未来的预测经常是不准的，即便是旗下拥有很多年的公司，我们也无法预测它们的未来。我们严重低估了喜诗的未来，能够拥有这家公司真是我们的幸运。

我们相信，喜诗糖果杰出的利润回报，主要是因为新老顾客对于喜诗口味和品质的喜爱，及其独特的分销系统所带来的极高水准的零售服务体验。顾客的忠诚源于喜诗对高级天然糖果原料近乎狂热的坚持，以及昂贵的制作和分销方式，保证了严格的品质把控和令人愉悦的零售服务。这种品质的坚持得到了回报，喜诗公司每平方英尺的销售额经常是竞争对手的两到三倍，而且喜诗糖果作为礼物尤其为人们所喜爱，即便与那些更为昂贵的品牌相比也毫不逊色。"

早在 20 世纪 90 年代初期，那时喜诗拥有 218 家店铺，与其他公司喜欢开设更多新店相反，喜诗反而关闭了一些门店——是否关店的衡量标准是，单店是否能够提供令人满意的资本回报率。在收购 20 年之后，喜诗依然以非常高效的方式运营着，1991 年的有形净资产仅为 2500 万美元。当初的 800 万美元资产，仅追加了 1800 万美元的留存利润。然而，从 1971 年到 1991 年，喜诗的利润增加了 10 倍，税前利润达到了 4240 万美元，税后利润超过 2000 万美元。在这 20 年中，喜诗给股东的分红也达到了令人惊叹的 4.1 亿美元之多。

从这些数字可以看出喜诗管理层的能力：在资本仅增加到 3 倍的情况下，利润增加到 10 倍。维持公司运营之余的利润可供蓝筹印花 / 伯克希尔公司投资到其他企业里，获得更令人满意的回报，这比投资在那些不愿为喜诗糖果支付溢价的地方开店要好得多。在 2014 年的致股东信中，巴菲特强调了有效配置资本的严格目标。他说：

"我们当然愿意明智地使用这些资金拓展（喜诗的）糖果业务，但是，我们的努力大多是徒劳的。所以，在没有造成税金增加或摩擦成本的情况下，我们会将喜诗创造的多余资金用于收购其他企业。"[97]

到 1999 年，喜诗的营业利润率达到了 24%。作为一个食品生产商，这个指标高得不可思议。从 1972 年到 1999 年年底，它总计税前利润为 8.57 亿美元。对于公司的增长，巴菲特以其一贯幽默又睿智的风格指出：

> "查克·哈金斯（CEO）的表现一年比一年好，在他 46 岁掌管喜诗的时候，公司的税前利润（以百万美元计）相当于他年龄的 10%。今天，他 74 岁了，这个比率提高到了 100%。我们将这一现象称为'哈金斯法则'。芒格和我发现这一法则之后，只要一想起查克的生日，就会乐不可支。"[98]

在接下来的日子里，哈金斯继续勇往直前，取得了更大的成就。到 2014 年年底，喜诗公司税前利润累计达到了 19 亿美元。这笔当初以 2500 万美元成交的生意，给巴菲特和芒格带来了近 10 亿美元的税后利润，用于投资其他企业。反过来，这些被投资的企业又创造了巨大的可分配利润。巴菲特形容这就像"养兔子"。[99]

是什么成就了好企业

这里给大家出一个小小的测试题：哪一个是更好的企业？

◎ A 公司去年产生了 200 万美元的税后利润，B 公司也产生了同样的税后利润。

◎ A 公司仅有 800 万美元的有形净资产，B 公司的有形净资产为 4000 万美元，是前者的 5 倍之多。

上述两家公司未来的利润增长情况是一样的——从现在起的未来 20 年，两家公司都会产生 2000 万美元的税后利润（相当于今天的 10 倍）。在这 20 年里，两家公司取得的利润情况每年都一样。

接着往下读之前，请做一个选择，你觉得下列哪家公司更好？

巴菲特的逻辑

A 公司是一家糖果制造商、零售商，而 B 公司是一家钢铁制造企业。这家钢铁企业具有良好的利润、良好的商业利基，每年可以取得与 A 公司一样的利润。

注意，为了提升产出和取得 10 倍的税后利润，A 公司需要在初始的有形净资产之外，增加 7200 万美元的投入（9×800 万美元）（这个假设仅用于说明目的）。这样，历经 20 年时间，该公司动用了 8000 万美元的资本。

B 公司为了取得 10 倍的产出利润，需要追加 9×4000 万美元的有形净资产的投资，比如新增 9 个钢铁厂。这样，历经 20 年时间，该公司动用了 4 亿美元的资本。

在这 20 年间，A 公司比 B 公司可以多派发给股东股息 2.88 亿美元（3.6 亿美元－0.72 亿美元），并在最后一年取得同样的年度利润。

所以，尽管从资产负债表的角度看，A 公司的价值似乎更低，但实际上 A 公司更具价值，因为它可以给投资者所希望得到的东西：提供从生意中产生的现金。作为比照的 B 公司，这家钢铁公司必须用自己大部分的产出去维持运营和成长。对于 B 公司而言，股东盈余（这些盈余可以派发给股东，而不会影响公司产能、运营，以及公司内部可以产生价值的投资项目）远远少于财报盈利（每年在年报中由会计师事务所向公众出具财报），因为 B 公司需要更多的现金投入。

喜诗糖果的经济商誉

在考虑一家企业的真实情况时，会计数字往往会造成更多的困惑。我们需要关注企业真实的经济状况，这比那些按照会计准则提供的统计数字更为重要。

会计准则通常要求被收购企业计算减去所有负债之后资产的公允价值。在很多情况下，这个数字低于收购价格。这给会计师提出了一个难题：收购方的资产负债表上显示支出了现金（或股份），但相应收到的净资产公允价值却低于这个数字。这样看起来，一些价值不见了。

当然，价值并非真的不见了，也许你有非常正当的理由，去支付高于资产负债表公允价值的收购价格，比如，被收购公司具有极佳的品牌、利润丰厚的专利，或者非同寻常的客户关系。因此，我们把支付的超出公允价值之外的溢价称为商誉。

会计人员需要以技术方式处理商誉——收购价格与公允价值之差，会被作为一项资产体现在资产负债表上。通常，会计准则坚持会计商誉应逐年递减，会被逐渐计提。以喜诗糖果为例，当时的会计准则允许商誉分 40 年摊销。这会令这 40 年中，公司每年的利润和资产负债表上的资产金额都相应减少。

但这种减少并不是真实的。蓝筹印花公司为收购喜诗公司支付了 2500 万美元，而后者的有形净资产仅为 800 万美元，盈利约 200 万美元。像许多优秀的企业一样，喜诗糖果的有形资产（按照公允价值计算）回报率比一般的市场回报率高很多——喜诗的税后有形资产回报率为 25%（200 万美元的盈利对应 800 万美元的资产）。

喜诗是如何做到的

在回答这个问题之前，先说说另外一种类型的商誉：经济商誉。资产负债表上的资产（存货、机器等）和无形资产（如客户心中良好的声誉）相结合就会产生经济商誉，因为这能够产生溢价。公司声誉可以创造消费者特许权，进而可以创造经济商誉。

从财务角度而言，蓝筹印花公司支付的收购价格比有形净资产多出 1700 万美元，这个数字需要在接下来的 40 年中每年计提 42.5 万美元。这样，会计财报中的利润是减去这个金额之后的数字。

从企业评估者的角度而言（例如一个投资者），我们必须知道企业的经济特许权是否正在失去。以喜诗为例，它的利润持续增长，1983 年税后利润达到了 1300 万美元。令人不可思议的是，这是以 2000 万美元有形净资产取得的成果。这样，我们可以说喜诗的经济商誉完全没有减少，即便会计师在摊销他们所谓的商誉（到 1983 年已经计提了大约 1250 万美元的商誉），顾客们依然喜欢购买喜诗糖果，公司商誉的价值也依然在增长。在这个案例中，你能够看到一个企业的会计数字与现实是如何背离的。

无论是从会计的角度，还是从经济价值的角度，在考虑商誉的时候，公司管理层和投资者都会有一致之处：

◎ 审视一个企业的利润时，忽略商誉计提和摊销的情况下（每年对于无形资产诸如专利或自然资源的损耗），要关注无杠杆（没有借贷）的有形净资产所产出的回报。这样才能判断出企业真实的运营能力，从而避免会计准则记减商誉价值造成的扭曲。

◎ 在考虑是否收购一家企业时，可以忽略摊销费用，它们不应该从利润中记减。这意味着商誉应以其原有的全部成本继续存在。

◎ 收购企业的成本，应该被视为整个企业内在价值的价格支付，无论收购是以现金形式，还是以发行股份的形式，而不仅仅是记录在账面上的价值。如果为经济商誉支付了过高的价格，即便是一个优秀的企业，也不会为收购方增加价值。

学习要点

1. **在有多个卖家竞争的市场购买原料；在你拥有定价权的市场销售产品。**

   巴菲特说，当你想买的时候，最好是在一个已商品化的市场中采购（有很多卖家出售同类型产品）；当你想卖的时候，最好你的顾客喜欢这个品牌，并愿意为此支付溢价，这是"一个企业成功的方程式……自从我们 40 年前收购了喜诗，我们以这种方式赚了很多钱。"[100]

2. **总是称赞你的重要经理人。**

   以喜诗公司为例，巴菲特总是会提到 CEO 哈金斯的表现，"他对于产品质量和友善服务的狂热坚持，赢得了顾客、员工和股东们的好评。"[101]

3. **琢磨客户想法。**

   喜诗品牌在美国西海岸深入人心，它"还有巨大的资产没有在资产负债表上显现出来：宽广的、可持续的竞争优势赋予了它强大的定价权。"[102]

4. **追求以小资本取得高回报。**

   以较小的投资资本取得巨大的利润成长，喜诗公司是二者非凡的结合。

5. 为特许权出价物超所值。

　　起初收购喜诗的时候，看到价格远远超过公司的有形净资产，巴菲特和芒格有些不太情愿。但是后来回顾，喜诗的高资产回报率反而显得 2500 万美元的出价是便宜了。

6. 持续进化。

　　巴菲特经历了喜诗的非凡成长，使他开始青睐强大的品牌，这也促使他日后做出很多赚大钱的投资。

案例 21

《华盛顿邮报》
(Washington Post)

	投资对象	《华盛顿邮报》
投资概要	时间	1974 年至今
	买入价	1 060 万美元（最初）
	数量	9.7% 的公司股本
	卖出价	置换为其他资产
	获利	数亿美元

自 20 世纪 60 年代后期起，巴菲特一直因为找不到合理价格的股票而感到苦恼，他将自己比喻成流落在荒岛上的极度缺爱者。

1970 年至 1973 年间，巴菲特透过伯克希尔–哈撒韦买了一两家公司，但是短期并没有看到鼓舞人心的成果，当他看到投资组合的市值下跌时，写道："到年底的时候，我们持有的股票组合出现了巨大的账面浮亏——超过 1200 万美元。[103]"

这对当时的巴菲特可能是一个打击，但对我们可能是一个启示，尤其是在低估的公司股价长期得不到市场先生纠错的时候。无论如何，我们应该坚守自己的原则；价值终将显现，金子总会发光。

1974 年年初，当投资组合的市值大幅低于投资成本时，巴菲特是这样向伯克希尔的股东解释的："尽管如此，以公司内在价值衡量，我们依然相信我们普通股投资组合的成本是物有所值的。尽管年底出现了巨大的账面浮亏，但长远来看，我们依然期待从投资组合中获得令人满意的结果。[104]"从这段表述可以明显看出，巴菲特并不以市场先生的出价作为衡量价值的标准。

他一定感受到了市场乏力，甚至报纸都不愿刊登伯克希尔的股价，尽管 1970 年伯克希尔股价为 40 美元，到 1973 年年中，股价已达到 80 多美元。抛开股票投资上的表现不谈，对于其他方面巴菲特是很满意的，因为他已经可以在年报里报告一些公司运营的好消息了。伯克希尔在 1972 年和 1973 年这两年中营业利润都超过 1100 万美元，保险和再保险业务的承保表现"非常好"，不仅提供了零成本的浮存金，而且业务本身也有着丰厚的承保利润。伊利诺伊国民银行更是年复一年地刷新历史纪录，甚至连纺织业务也产出了"与其投入资本相称的"利润。[105]

此外，仅 1972 年一年，以债券为主的投资组合就创造了 680 万美元的收益。伯克希尔的每股账面价值 1964 年年底为 19.46 美元，到 1973 年超过了 70 美元。

尽管公司取得了不错的成绩，但几乎没什么人来参加公司一年一度的股东大会。只有两个参会者出席了——康拉德·塔夫和埃德温·塔夫，他们是兄弟俩，康拉德曾经在格雷厄姆的班上与巴菲特是同学。至少他们三个人可以进行对话，就投资的话题，他们聊了几个小时，以全天候问答的形式进行，这个传统一直延续至今。那时的股东大会与今天的最主要的不同在于人数，现在每年参加伯克希尔股东大会的人数已达到了4万多人。

漂亮 50

20世纪70年代初期，巴菲特发现投资的难点在于，牛市热潮已将股市推到了一个非理性的高度。在这股浪潮下，理所当然的做法是，购买一揽子50只流行的大市值股票。当你持有了"漂亮50"，你就有了一堆"好股票"，它们是具有强劲成长潜力的投资对象，可以"买入并持有"，从此高枕无忧。由于它们的稳定性和已被验证的盈利快速成长，这一揽子股票可以被称为"一锤定音"型投资。实际上，对于这样的股票，你永远不应该卖出。

但是，有些股票的市盈率（PE）已经高达50倍以上（平均为42倍），为什么要持有只有2%收益的股票呢？"成长"这个词是关键所在。这些公司的每股盈利必须维持不可思议的高速成长，才能使得高高在上的股价具有合理性。这种高成长的公司是不可能下跌的！这种思维模式渗透到了当时市场的每个角落。但对于巴菲特而言，绝大多数上市公司的股价都过于昂贵了。

"漂亮50"包括了雅芳、宝丽来和施乐，这些公司的确是优秀的公司，但这些公司的股票的确是优秀的投资标的吗？这几家公司的市盈率在1972年接近年底的时候，分别达到了61倍、95倍、46倍。到了1973年年初，市场信心似乎遭受了一点打击，道琼斯指数从1000点跌到900点，一些股票的价格跌得更多，有的跌去一半，甚至更多。

1974年，真正的打击到来了：两年之中，股市崩盘，整个市场暴跌约50%。1974年，雅芳最多跌了86%，宝丽来从最高点跌去了91%，施乐大跌了71%。图21-1是这段时期的道琼斯指数。

图 21-1 道琼斯工业平均指数（1968～1975 年）

在非理性年代，巴菲特没有虚度光阴

1973 年年初，巴菲特聘请华尔街投行所罗门兄弟公司发行了高级票据（一种债券），为伯克希尔募资 2000 万美元。其实他的公司运营并不缺资金，这次募集的部分资金用于偿还 900 万美元旧债，其余部分待时机合适的时候为伯克希尔的投资组合提供弹药。募集资金来源于 20 家机构投资者，这次借款于 1993 年到期。

20 世纪 60 年代末、70 年代初，尽管巴菲特并没有做出很多投资决定，但他依然忙于公司的分析研究。随着 1973 年、1974 年股市大跌，部分优秀的公司股价出现了低点。巴菲特已经做好准备：他在熊市中就已经准备好了，他知道投资标的现在的质量。股市上低市盈率的股票比比皆是，巴菲特大举买进，大显身手的时候到了。

到了 1974 年中期，极度悲观的气氛笼罩着整个市场，经济衰退和 12% 的通货膨胀也同时发生了（也就是滞胀），多方阵营人心涣散，恐惧气氛到处蔓延。但是，此时的巴菲特却很兴奋，他觉得伟大的时刻到来了。因为在其他人恐惧抛售的时候，他可以挑选便宜的股票了。正如他经常说的："当别人贪婪时恐惧，当别人恐惧时贪婪。"

在一次安东尼·辛普森主持的访谈节目中（主题为"漂亮的女孩就在那儿"）。巴菲特被问到："你对于当前股市有何看法？¹⁰⁶ ”巴菲特回答："现在是投资大干的好时机。"

1974 年的市场状况让巴菲特想起了 20 世纪 50 年代早期的情景，那时股市上到处都是便宜的股票，对于价值投资者而言，有着大把的好机会。在整个美国的投资行家中，巴菲特因其知识渊博而备受尊敬。60 年代后期，当每个人都陷入狂热之中时，巴菲特公开表示股市正处于非理性时期，这种做法令他获得了更多的尊重。他的态度不仅止于言论，还采取了引人注目的行动，清算结束了合伙公司。这个先见之明的举动，使得他在随后几年显著地领先于市场。

耐心

正如《福布斯》杂志报道的那样："巴菲特就像一个传奇，他在 1928 年卖出了股票去钓鱼，直到 1933 年重返市场……他的确在 1969 年到 1974 年之间去'钓鱼'了。'我认为投资是世界上最伟大的生意，投球手将球一个又一个向你投掷过来——通用汽车 47 美元！美国钢铁 39 美元！'没有人会逼迫你接球，即便错失良机，你也不会受到惩罚。一整天下来，你只需要等待自己喜欢的球即可，当接球手打盹大意的时候，你站起来击球就好了。¹⁰⁷ ”

巴菲特试图帮助其他投资者建立好的投资心态，他建议他们保持冷静与耐心，等待过热的市场冷却下来，要想买进优质的公司需要这样的心态。总有一天，市场价格会反映出高品质，所以，你需要耐心等待。

举债投资《华盛顿邮报》

回溯到 20 世纪 40 年代，那时 13 岁的巴菲特每天早晨都要投递《华盛顿邮报》。这项工作赚的钱，成为少年巴菲特 9800 美元身家中的大部分。谁能想到，这样一小笔初始资金最终竟然引领巴菲特成为除了格雷厄姆家族之外，《华盛顿邮报》公司最大的外部持有者。

1973 年的春天和夏天，巴菲特用伯克希尔发行的 20 年长期债券募集的资金购买了《华盛顿邮报》公司的股票，共投入 1060 万美元，购买了该公司 9.7% 的股份。该公司除了拥有《华盛顿邮报》之外，还拥有《新闻周刊》、四家电视台、两家广播电台，以及印刷厂和造纸厂。所有这些加起来，巴菲特认为该公司价值 4 亿到 5 亿美元，而当时市场先生给它的标价是 1 亿美元。

交易之前

凯瑟琳·格雷厄姆在 46 岁时，完全是在意想不到的情况下被推上《华盛顿邮报》公司领导人位置的，她本人并不喜欢这样的状况。凯瑟琳害羞、胆小、自信心也不足，之前她的主要角色只是母亲和家庭主妇，对于管理或编辑，她一无所知，她将承担这样的责任看作为下一代管理家族财产以利传承。

凯瑟琳的父亲 1933 年从一个破产商人手中买下了《华盛顿邮报》，作为家族持有的私人公司。之后，凯瑟琳的丈夫菲利普·凯接手了公司。1963 年，凯自杀身亡，凯瑟琳在毫无选择的情况下成为公司总裁。当时，在当地的报业市场份额上，《华盛顿邮报》仅仅位居第三。

《华盛顿邮报》公司直到 1971 年才在纽约证券交易所（NYSE）挂牌上市。上市之后，格雷厄姆家族依然通过持有 A 股掌控投票权，并通过发行 B 股完成集资，B 股的投票权小于 A 股（在决定董事会席位上，B 股股东最多决定不超过 30% 的席位）。

杰出的新闻报道和无畏的新闻精神令《华盛顿邮报》声名鹊起。例如，尼克松政府曾在越南战争问题上蒙蔽美国民众，《华盛顿邮报》在强大的政府压力和法律诉讼的威胁之下，勇敢曝光了记录政府越战决策的绝密文件，即"五角大楼"文件，引发了强烈的政治愤怒和法律诉讼。

之后的一年，《华盛顿邮报》迎来了新闻的胜利，邮报记者无视来自白宫总统班底的暴力威胁，将"水门事件"公之于众。《华盛顿邮报》因此受到了高度评价，荣获了普利策新闻奖（《华盛顿邮报》一共获得过 47 次普利策奖），一跃成为全美乃至国际知名的报纸。

尽管《华盛顿邮报》以其正直和优秀赢得了世界范围内的声望，但是在 1973 年，它的商业前景却令人担忧。华尔街感受到了来自白宫的强烈敌意，有消息称，邮报会失去在佛罗里达的两家电视台牌照，而这两家电视台几乎贡献了公司 1/3 的盈利。所有这些都导致邮报股价下滑。

巴菲特对于邮报价值的判断

1985 年，巴菲特说："大多数证券分析师、投行经纪人，以及投行高层都认为《华盛顿邮报》的内在价值在 4 亿到 5 亿美元，这与我们的看法一致。但在股市上，该公司的市值只有 1 亿美元，这个价格就摆在那里，股市上每个人天天都能看得到。"[108]

在这一点上，我想小小地挑战一下巴菲特，因为巴菲特的上述观点来自于购买《华盛顿邮报》12 年之后——我想这里是否存在一点后视镜偏差。这笔投资最终的结果很好，所以，当巴菲特回顾 1973 年的时候，或许很明显地看出当时《华盛顿邮报》的价值远高于他支付的价格，但这在当年或许并不这么显而易见。

表 21-1 显示了《华盛顿邮报》公司 1972 年的财报信息，想象一下你会如何估值。

表 21-1 《华盛顿邮报》资产负债表（1972 年 12 月）

（单位：万美元）

现金	1020
流动金融资产	1960
应收账款	2520
库存	380
预付款	290
流动资产总值	6180
负债总值	−8190
净流动资产值	−2010

资料来源：Washington Post Company Annual Report (1972).

根据上述财报信息，该公司净流动资产值为负数，所以，这项投资显然并没有遵循本杰明·格雷厄姆的净流动资产价值法（NCAV）。那么，该公司的营收和利润情况如何呢？请见表 21-2：

表 21-2 《华盛顿邮报》公司的营收和净利润（1965～1972 年）

年度	营收（万美元）	税后净利润（万美元）
1965	10 800	770
1966	12 300	860
1967	13 100	710
1968	14 700	770
1969	16 900	850
1970	17 800	510
1971	19 300	720
1972	21 800	970

资料来源：Washington Post Company Annual Report 1972.

从上述信息，你能得出巴菲特在 1985 年所说的该公司价值
4 亿到 5 亿美元吗？反正我没有看出来。

尽管利润数字有所增长，但也不多，而且利润少于 1000 万
美元，市盈率高达 40 到 50 倍。如此之高的市盈率足以让绝大
多数价值投资者退避三舍。

让我们再看看 1972 年更多的细节，见表 21-3：

表 21-3 《华盛顿邮报》公司税前运营收入（1971～1972 年）

类别	1972 年（万美元）	1971 年（万美元）	成长率（%）
报纸	1 020	870	17
杂志与书刊	570	270	107
广播	590	380	58

看着这些成长率，我感觉更进了一步，当时，该公司一
定正在发生非同寻常的事情，公司收入怎么增长了这么多？
是收购了其他公司吗？（事实上，《华盛顿邮报》并未收购其他
公司。）

如果不是因为收购导致的增长，那么这些有机的内生性增
长是如何做到的？这些企业基本面的因素是否可以持续数十
年？如果这些问题的答案是肯定的，或许我可以接受远高于 10
倍 PE 的价格。

在回顾那些年发生的事件和品质因素之前，先看另一组重
要的数据，如表 21-4 所示：

表 21-4 《华盛顿邮报》不同类别业务收入（1971～1972 年）

类别	1972 年（万美元）	1971 年（万美元）
广告	16 600	14 800
发行（读者或观众）	4 700	4 200
其他	400	300

超过 3/4 的营收来自广告。设想一下，你是一个想投放广告的家具店，或一个威士忌酒品牌经理人，你面对两份报纸，一个在城市里占有 60% 的市场份额，另一个仅占有微不足道的市场份额，你想在哪份报纸上登广告？

当然，你会愿意支付更多的广告费，在居于主导地位的报纸上做广告。这样，多年之后，那家居于主导地位的报纸无须增加太多的编辑或管理费用，就可以大幅增加收入。同样的逻辑对于电视台和新闻周刊的行业龙头也一样适用。

但是这样的经济特许权到底有多强大？让我们逐一分析。

《华盛顿邮报》

1972 年 7 月，华盛顿的报业市场发生了巨大变化，当地的另一份报纸——《华盛顿日报》停刊。这意味着在一个如此重要的城市里，只剩下了两家日报：《华盛顿邮报》和《华盛顿星报》。根据《华盛顿邮报》1972 年年度报告中的描述，首都华盛顿是"全美发展最快、最富有、受教育程度最高、最渴望新闻"的城市。

在这仅有的两家报纸中,《华盛顿邮报》的市场份额最大,占有 63% 的份额,每五个成年人中就有三个人每天阅读这份报纸。到了周日版,有 2/3 的成年人阅读《华盛顿邮报》,邮报的发行量在过去的 15 年中提高了 1/3,同期,邮报周日版更是大增了 2/3。

所以,这是一家在全美最具影响力的报纸,而且人们对于高质量新闻的需求也在日益增长。正如《华盛顿邮报》年报中所表述的:"未来来自广告和发行的收入会继续上升。"考虑到该公司拥有的护城河和成长前景,我愿意在前一年度盈利的基础上支付一个更高的市盈率,当时市场先生的出价是 10 倍。

问一个问题:1973 年,你是不是宁可与大灰熊摔跤,也不愿意与《华盛顿邮报》在其主场竞争?如果答案是"Yes",你应该是认清了这家报纸的强大经济特许权。你还能到哪里去做广告呢?

《新闻周刊》

在周刊这个领域里,居于领导地位的,除了《时代》杂志之外,就是《新闻周刊》了。就广告页面而言,《新闻周刊》遥遥领先,1972 年,它的广告收入创下了一个新的纪录,达到了 7250 万美元的高峰。在美国市场上,《新闻周刊》每周通常的发行量可以达到 2 725 000 份。同时,在国际市场上,它的发行量达到了 375 000 份，行销超过 150 个国家和地区。此外，它的品牌延伸至新闻周刊书刊（Newsweek Book），到了 1973 年，这已经是"一个成规模盈利的生意"。[109] 来自《新闻周刊》部门的盈利在一年中的增幅超过一倍。

让我们再问一个问题：《新闻周刊》影响了不仅一代人，就读者辨识度和热爱程度而言，你是否愿意创立一份杂志成为它的对手？

广播电视事业

回到 20 世纪 70 年代，电视台实际上就像印钞机，因为它们被赋予地方寡头垄断权。到 1972 年年底，《华盛顿邮报》公司拥有 4 家电视台，正在着手收购第 5 家。它还拥有 2 家广播电台。在 1972 年的年度报告中，公司没有强调特许权的重要性（或许是不想引起政府相关部门的注意，影响高广告费率创造资本回报的潜力）："我们的 3 家电视台和 2 家广播电台在它们各自的市场上，都取得了稳健的具有竞争优势的地位。在我们即将迈入 1973 年第一季度之际，我对于运营成绩极其乐观……我们已经到达了一个起飞点，我们将在新闻和节目制作，以及财务成果上取得新的成功。"

即便你想跟这些广播电台、电视台竞争，也是不可能的，因为你无法获得牌照。

完成投资理念的转换

《华盛顿邮报》的案例展示出巴菲特在1973年已经非常重视经济特许权和管理层品质，并预期未来会带来巨大的利润增长。在这方面，资产负债表提供的信息几乎在投资决策上不起作用，除非涉及财务杠杆和流动风险方面的问题。

所以，尽管在购买喜诗糖果时巴菲特还多少受到资产负债表的影响，但在《华盛顿邮报》的投资中，他发现经济特许权的前景是如此诱人，财务报表在这里起到的作用只是告诉他没有风险。巴菲特将95%的关注放在品质上：例如读者对于《新闻周刊》和《华盛顿邮报》的高度评价，以及大众对于当地电视台和电台的情感依托。在另一方面，公司近年的分红翻了一番，公司董事们也提到稳健的成长前景。

巴菲特是愚蠢的乐观主义者吗

归根结底，巴菲特将《华盛顿邮报》公司估值为4亿到5亿美元，这本身并不重要。

当他以1亿美元市值开始买入的时候，无论最终证明其真正的价值是2亿美元，还是5亿美元，他已经获得了非常大的安全边际。我想我们都会认同《华盛顿邮报》至少值2亿美元（假设白宫不会关闭《华盛顿邮报》），所以，以1亿美元的估值买入，至少便宜了一半或更多。

基于邮报拥有的经济特许权和优秀管理层，以 1060 万美元获得其 10% 的股份，从而享有未来的盈利和分红，这绝对是一项极为安全的投资。

交易

1973 年春末，巴菲特不断买入，已累计拥有超过 5%《华盛顿邮报》股份，此时他给凯瑟琳·格雷厄姆写了一封信，告诉她打算买入更多。凯瑟琳收到信后并不高兴，她担心一个野蛮的入侵者会将公司从格雷厄姆家族手中夺走，或者，出于政治目的对邮报施加影响。

尽管巴菲特在信中表露出的热情，以及对于邮报新闻品质的赞美和他自从孩童时代就对邮报怀有敬意，这让凯瑟琳稍稍放下焦虑，但依然怀有戒心。凯瑟琳的朋友和顾问们告诉她，从理论上讲，无论伯克希尔买入多少股份，都不可能控制公司，因为市面上流通的 B 股拥有的投票权非常有限。即便一个人买入了绝大多数 B 股，他最多只能在董事会获得一个席位，凯瑟琳仍然控制着所有 A 股。

巴菲特赢得凯瑟琳的欣赏

凯瑟琳同意与巴菲特会晤。巴菲特以他的渊博知识、彬彬有礼和幽默感赢得了凯瑟琳的好感。当年秋天，他们第二次会晤时，巴菲特坦率地告诉她，他并不想接手《华盛顿邮报》的经营。他令她着迷，他们就此成为终生的朋友。

伯克希尔－哈撒韦斥资 1060 万美元买入 467 150 股《华盛顿邮报》的 B 股。不久之后，邮报公司分股，伯克希尔持有的股份变成了 934 300 股。1979 年，邮报再次分股，伯克希尔的持股变成了 1 868 000 股，后来由于公司回购股份，持股稍微减少了一些。1973 年《华盛顿邮报》公司的总流通股数约为 480 万股（包括 A 股和 B 股）。

为了消除凯瑟琳的担心，巴菲特写信告诉她，在没有得到她许可的前提下，他不会再买入更多的股份。请注意，在没有投票权的情况下，巴菲特仍然愿意买入一家公司，如果他信任这家公司的关键人物，他其实并不在意是否控制公司。后来，巴菲特将伯克希尔拥有的《华盛顿邮报》的投票权授权给了凯瑟琳的儿子唐，他觉得唐非常聪明，并且值得信赖。

收购之后

很快，这家巴菲特认为价值 4 亿到 5 亿美元的公司见识到了市场先生的坏脾气。这家低负债的具有经济特许权的公司，市值从 1 亿美元跌到了 8000 万美元，仅仅是其估计内在价值的 1/5。接着发生了严重的罢工事件，水门事件也是余波未了，公司有可能会失去电视台牌照。在罢工期间，凯瑟琳和巴菲特并肩战斗，他们亲自动手打包报纸、粘贴标签，经常忙到凌晨 3

点，两个人才带着满身脏乱和疲惫回家。

最终，所有的事情得以圆满解决，罢工和解了，尼克松政府垮台了。但是，《华盛顿邮报》大跌的股价，直到伯克希尔收购 3 年之后，才回到巴菲特买进时的价位。

在这期间，凯瑟琳越来越看重这位来自奥马哈的新朋友，她很快意识到巴菲特能够提供很多有关商业和投资的见解。巴菲特不仅乐意与她分享经验和智慧，而且经常夸赞她的聪明，提升她的自信心，他是发自内心地这么认为。他们的关系极为亲密，甚至连凯瑟琳的演讲稿，例如给华尔街专家们的演讲，都由巴菲特代笔。巴菲特还教授凯瑟琳有关会计的知识。

在《华盛顿邮报》案例中，我们再一次看到，巴菲特从他所投资的企业中清楚地识别出关键人物，然后将其培养成为朋友和领导者。对于凯瑟琳的运营决策，他从不质疑，而是在需要的时候及时提出建议，支持其工作；在她干得不错时大力赞扬，在她面对艰难决策时耐心倾听。

在这个案例中，巴菲特作为股东并没有什么真正的权力，但是他的确发挥了巨大的影响，因为凯瑟琳将他视为知己和精明的企业家。随着他的影响力增大，1974 年秋天他受邀加入公司董事会，他的地位变得更加重要，他乐于接受这个职位。从当年投递报纸的报童，到现在成为领导角色，这个过程想想都令人感到甜蜜。他着迷于新闻业，甚至可以说，如果当初巴菲特不干投资这一行，他最有可能成为一个记者。

作为凯瑟琳最好的朋友之一，巴菲特每个月在参加董事会之前，会在凯瑟琳家里住一晚，他成了她四个孩子的一个熟悉的存在，孩子们将巴菲特看作自己的叔叔。

1986 年，巴菲特从邮报董事的位置上退下来，因为他即将成为大都会公司的董事，大都会也是伯克希尔投资的一家非常成功的媒体公司。媒体主管机构不允许一个人同时担任两家公司的董事，这两家公司，一家拥有电视网络，另一家拥有有线电视系统，它们属于同一个领域。巴菲特认为自己即便不担任邮报董事，依然可以保持影响力。1996 年，在大都会公司被卖给迪士尼之后，巴菲特重返《华盛顿邮报》董事会。

我们擅长有米之炊

1987 年，伯克希尔几乎卖出了手里所有的股票，只剩下三家公司的股票，《华盛顿邮报》就是其中之一。在 1987 年致股东的信中，巴菲特解释了他持有这三只股票的逻辑，以及即便在它们的价格被市场推到极其昂贵的情况下，他也不会卖出的原因："我们将它们视为自己成功控股的企业一样，是伯克希尔永久的一部分，而不是当市场先生给出足够高的价格时就卖掉的股票。"巴菲特说，这样做符合查理·芒格和他自己的个性，这是他们想要的生活方式。他希望与自己非常喜欢和欣赏的人一起工作，即便这意味着可能会错失一些财务上的回报。

这三家公司分别是：大都会 /ABC 公司，投资金额 5 亿美元多一点（1987 年价值 10 亿美元）；盖可保险公司，投资金额 4570 万美元，1987 年价值 7.57 亿美元；《华盛顿邮报》，1987 年价值 3.23 亿美元。

无论是买下一家完全控股的公司，还是在股市上买入一家上市公司的少数股权，其背后的逻辑是一脉相承的："在每一项投资中，我们都试图购买具有长期光明前景的公司。我们的目标是以合理的价格得到杰出的公司，而不是以便宜的价格得到平庸的公司。芒格和我都发现，如果让我们用丝绸制做钱包，我们可以干得非常好；如果用母猪的耳朵，我们只能干瞪眼。[110]" ㊀

《华盛顿邮报》对伯克希尔的贡献

这项 1060 万美元的投资，到 2005 年市值成长为 13 亿美元，还不包括历年的分红。但是请注意巴菲特对市场先生的耐心：他在 1973 年投资《华盛顿邮报》，当时他的估值是 4 亿到 5 亿美元，但是直到 1981 年才达到了这个数字。图 21-2 显示了从 1973 年到 2008 年期间，《华盛顿邮报》给伯克希尔带来的回报。

㊀ 这句话来源于英文中的一句谚语："你无法用母猪耳朵做出一个丝绸钱包。"相当于中文语境中的"巧妇难为无米之炊"。——译者注

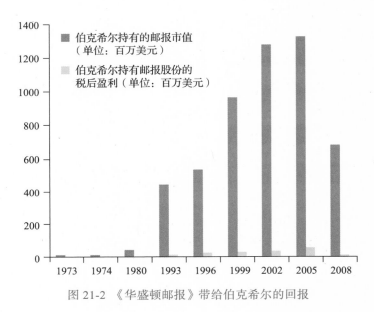

图 21-2 《华盛顿邮报》带给伯克希尔的回报

资料来源：Berkshire Hathaway Chairman's Letters; Washington Post Company Annual Reports

众所周知，过去 10 年，对于新闻报纸行业而言是艰难的时期，在这期间，《华盛顿邮报》股价下跌。但即便考虑到下跌，这笔投资相比巴菲特的初始成本而言，还是赚了很多倍。例如，在进入 21 世纪之前，每年来自《华盛顿邮报》的年度分红已经与伯克希尔当初的投资成本相当。并且，直到今天，伯克希尔依然享有来自电视台的收入。图 21-3 显示了《华盛顿邮报》公司（现在改名为格雷厄姆控股公司）从 1990 年到 2016 年的股价。伯克希尔买进时的股价大约为 5 美元 / 股（考虑到分股因素）。

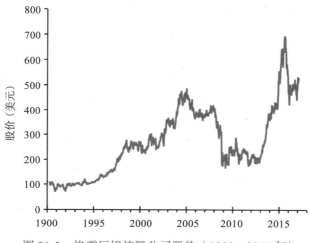

图 21-3　格雷厄姆控股公司股价（1990～2016 年）

资料来源：Yahoo Finance.

巴菲特在《华盛顿邮报》公司贡献的管理才能

作为《华盛顿邮报》公司的董事，巴菲特分享了他在商业实践中的真知灼见。以下我们总结了一些他对于塑造公司的贡献。

回购股份

他所做的事情中，其中一件是回购股份。巴菲特说服董事会，当股价足够低迷的时候，公司从市场上回购股票是非常合算的。这样，可以提升每股盈利，提升余下股份的每股价值：以更少的股份获得未来年度股东贴现的盈利，因而提升了当前价值。

以保守计算，当公司股价低于其内在价值的时候，可以采取回购股份的方法。公司用于回购的资金或是来源于拥有的现金，或是通过合理的负债，总之，不要动用公司内部可以创造价值的项目的投资资金。

年复一年，《华盛顿邮报》几乎回购了一半的股份。结果，伯克希尔的持股在没有买入更多股票的情况下，从1973年的10%提高到1999年的18%。

接管和创业

巴菲特同时也尽力阻止公司董事会在争夺媒体资源的竞标中出价过高。在新闻报纸、电视台或有线电视过热的情况下，没有必要与同行盲目竞争，这时，持有现金是更佳的选择。

由巴菲特传递给凯瑟琳·格雷厄姆的极其简约的作风，令很多希望将事业版图做大的资深高管和董事感到泄气。巴菲特眼中的《华盛顿邮报》，是建立在坚实、可持续的基础上，具有经济特许权，可以为股东提供低风险回报的公司，而不是尝试新想法、新计划的投机工具。

即便媒体和科技界人士认为某些事物可能有非常好的前景，例如24小时新闻频道等，对于这些，巴菲特的态度是，只要在他的能力圈之外，都保持谨慎。如果他认为这些事情超出了管理层的能力圈，甚至会更加谨慎。

毫无疑问，这样的做法会错失一些机会。尽管如此，拥有不同业务部门的《华盛顿邮报》公司整体资本回报非常高，这意味着每股回报也很高。坐拥不错的回报，就无须担心因为选错了赛马，而在未来的投机游戏中失去一切。

鉴于企业的定价权和高资本回报率，巴菲特认为，公司应该坚守自己具有明显竞争优势的领域。一家公司所产生的资本盈余，只应该投资于每一美元投入都可以产生合理回报的项目上；如果不能满足这个条件，余下的资金应该返还给股东，让他们用于别处。周转率、市值或利润都不能用来衡量成长，唯一的衡量标准就是看资本回报率的高低。

这种思维模式意味着，在未来的几十年，《华盛顿邮报》在形式和架构上，相较于巴菲特当初开始购买时，不会有太大改变。该公司也曾尝试一些新主意，例如出版汽车杂志，但这些对于整个集团而言，仅是毛毛雨而已。《华盛顿邮报》《新闻周刊》以及电视台依然是公司利润的主要来源。

注定发生的事

巴菲特将投资《华盛顿邮报》称为"注定发生的事"。这种类型的企业是最好的值得拥有的企业（当然前提是以合适的价格买入），因为它们在自己所在的行业或领域处于主导地位。更为重要的是，按照合理的预期，它们杰出的竞争优势会在今后数十年保持下去。

在你心中，测试一家公司是否属于"注定发生的事"，方法之一就是想象自己要去一个远离人烟的荒岛住上十年，当你十年后回来的时候，那家公司是否还能在它的行业里居于主导地位？十年之后，家乐氏或许依然能够主导麦片市场，同样，可口可乐在饮料行业、吉列在剃须刀行业、吉百利在巧克力行业，也将依然居于主导地位。这些公司的力量来源于它们在人们心智中的位置，而且这种影响可以代际传承。

但是，苹果公司能主导智能手机吗？宝马汽车在汽车行业、沃尔玛在零售行业会一直保持支配地位吗？争论在于，这些公司很有可能保持强势地位，但是，并没有强大到成为"注定发生的事"，因为对于客户而言，存在着很多潜在的可替代品。智能手机市场很脆弱、竞争激烈，豪华汽车市场玩家众多，宝马很难每年都居于这个游戏的顶层，而沃尔玛正面临来自电商亚马逊的进攻，更别说其他传统零售商了。

唐纳德·格雷厄姆：第二位关键人

凯瑟琳的儿子唐纳德毕业于哈佛，是位越战老兵，曾经做过警察，他开始并没有参与家族公司，直到1971年他26岁的时候，才从初级记者干起，进入家族企业。他一步一个脚印，一直做到了公司执行副总裁，后来接任了报纸的出版人。一直以来，他的母亲仍担任公司董事会主席和 CEO。直到 1991 年，唐纳德担任控股公司 CEO，1993 年出任董事会主席。唐纳德为人谦逊，管理风格温和，而且具备商人的头脑和惊人的记忆力。

他非常欣赏自己的朋友巴菲特，并且深受巴菲特思想的影响。每当他需要做重要商业决策时，巴菲特总是在他身边提供意见。他的领导风格对于我们而言也非常熟悉：

◎ 注重股东的长期回报，而不是短期表现。

◎ 持续全力以赴地控制成本和削减不必要的东西（例如，没有公司专车和使用便宜的工业地毯等）。

◎ 找到你信任的经理人并充分授权。

◎ 通过长期的培养、提拔，建立资深管理团队。

◎ 当购买一家企业时，需要考虑购买的是其品质，但永远不要支付过高的价格，做好长期持有的打算。

◎ 当公司有剩余现金以及股价低迷之时，让公司回购股份。

经营特许权的丧失

即便是具有"注定"优势的公司也有可能最终失去其主导地位。在这方面，《华盛顿邮报》就是一个例子。互联网以及 24 小时新闻频道等媒体提供了可替代的广告载体，对传统媒体行业造成了巨大冲击。

好日子持续了数十年。在伯克希尔购买《华盛顿邮报》14年之后的 1988 年，邮报的（税后）净利润达到了惊人的 2.69 亿美元。请记住，14 年前，该公司的总市值也不过 8000 万美元。到了 1998 年，《华盛顿邮报》公司的净利润达到了 4.17 亿美元的巅峰。

但是，就像全世界数以千计的报纸一样，即便是如此优秀的经济特许权也被具有破坏性的新技术摧毁了。《华盛顿邮报》公司旗下的报纸和杂志开始陷入无利可图的境地，刚开始是缓慢的利润下滑，但是进入 21 世纪后报纸的收入开始下降，并出现亏损，尽管采取了成本控制的各种努力也无济于事。

2010 年，《新闻周刊》以 1 美元出售给西德尼·哈曼，条件是承担养老金和负债。2013 年，亚马逊创始人杰夫·贝索斯买下了《华盛顿邮报》公司的报纸业务。格雷厄姆家族认为，尽管报纸在自家手里仍可以生存，但在贝索斯手里，辅以他的科技和市场能力，报纸可以变得更好。贝索斯的出价是 2.5 亿美元，并且他发誓会维护其新闻独立的传统。

剩下了什么

在出售了《新闻周刊》和报纸之后，公司依然拥有很多有价值的其他业务。长期以来，报纸和周刊已经不再是公司股东价值的主要贡献者。在唐纳德·格雷厄姆的继续领导下，《华盛顿邮报》公司依然拥有有线电视系统、电视台、线上业务、印刷厂和地方电视新闻台。然而，最重要的业务是教育和培训公司——Kaplan 高等教育学院。这家公司是 1984 年以 4000 万美元收购来的，到 2007 年 Kaplan 带来的收入已经占到了整个集团的 50%，目前在股市上的市值为 30 亿美元。在出售了报纸业务之后，大家一致认为公司应该更改名称，于是公司更名为现在的格雷厄姆控股公司。

巴菲特采取的行动

2014 年 3 月，伯克希尔公司与格雷厄姆公司达成一项交易，伯克希尔最终拥有 WPLG——一家位于迈阿密的电视台。（巴菲特已经在 2011 年离开了《华盛顿邮报》公司董事会。）在这项交易中，伯克希尔同时还收回格雷厄姆控股公司多年前购买的伯克希尔股票以及现金。

这项交易涉及伯克希尔持有的格雷厄姆控股公司大约 160 万股 B 股，当时相当于格雷厄姆公司 28% 的总股本。这样，格雷厄姆公司实际上实施了一次股份回购，但支付方式并不是全部以现金方式，而是支付现金外加一个有价值的子公司。伯克希尔也相当于实施了一次股份回购，从格雷厄姆控股公司手中收回了自己的股份。交易完成之后，伯克希尔仍然持有大约 12.7 万股格雷厄姆公司股票。

整个交易，伯克希尔卖回给格雷厄姆控股公司的股票价值 11 亿美元。相对于 40 年前 1060 万美元的投资成本，伯克希尔已经赚了很多倍。现在，格雷厄姆控股公司在全美电视市场上位居第 16 名，连接着 166 万个收看电视的家庭。WPLG 成为迪士尼旗下美国广播公司（ABC）的子公司。

巴菲特对于他最为伟大的投资案例的思考，以及对学院派及其追随者的嘲讽

在巴菲特 1985 年写给伯克希尔股东的信中提到，他观察到市场先生是如何的愚蠢、强大媒体行业的经济特许权，以及他持有挚爱的公司的意愿，即使这些公司在未来的回报无法超越过去，他也会继续持有。

他再次重复了他的观察，1973 年年中，《华盛顿邮报》公司价值 4 亿到 5 亿美元，但市值仅有 1 亿美元。"我们的优势……是态度：我们从格雷厄姆那里学到，成功投资的关键在于，当好公司的市场价格大大低于其价值的时候出手。[111]"

其他分析师并不注重公司分析，他们"受到那些名气响亮的商学院的影响，这些学院派宣扬的是一种新兴的时尚理论：股票市场是完全有效的，因此，对于企业价值的计算在投资活动中没有什么作用，甚至都不需要考虑[112-113]"。

巴菲特盛赞了凯瑟琳·格雷厄姆在构建公司和回购股份方面所展示的智力与勇气，她在 1974 年股市低迷时大举回购了公司股份，回购价格比伯克希尔的买价还低 25%。

经过很长时间，其他投资者才渐渐意识到《华盛顿邮报》非同一般的经济前景，于是股价也随之上涨："我们经历了三重上涨：公司商业价值的飙升；由于回购带来的每股商业价值的明显快速提升；由于折扣缩小，股价的涨幅超出每股商业价值的涨幅。"

投资组合的周转率

正如我们所看到的，巴菲特持有《华盛顿邮报》股票很多年。在 1986 年致股东的信中，巴菲特提到持有股票数年乃至数十年的优势所在。他说这种方式的好处在于：

◎ 可以支持你顶住华尔街一时流行的风尚，它们会逼迫你低价卖出股票。

◎ 当面对暂时的运营难题时，有利于坚持初心，防止非理性的恐惧，保持长期的专注。

◎ 对于市场流行的概念具有免疫力，例如 1986 年流行的电脑和软件，或今天流行的网络或社交媒体等。

◎ 一个稳定和信赖的环境，有利于经理人执行价值创造的长期商业规划，让他们知道一个关心、支持他们的大股东不会轻易斩仓走人。千万不要低估这种做法的心理影响，这可以培养忠诚、长期的专注、经验的互动和坦诚相待。

在这封信中，巴菲特写道：

"应该特别指出的是，我们希望永久持有三只主要股票：大都会/ABC公司、盖可公司、《华盛顿邮报》公司。即便这三只股票目前的价格有些高估，我们也不打算卖掉，这就像即使有人提出再高的价格，我们也不会卖掉喜诗糖果或《水牛城晚报》一样。

"……我们还是继续坚持'至死不渝'的策略，这是唯一能让芒格和我都感到自在的方式。这种方式长期下来产生了非常好的效果，也让我们的管理层与被投资公司能专注于本业而免于分心。"[114]

学习要点

1. 在评估企业内在价值时，一定不要被短期遭遇的问题蒙蔽双眼。

2. 如果你买入之后股价大跌，不必感到沮丧。

   因为公司内在价值可能并没有改变，甚至还是上升的。

3. 如果公司能够继续保持较高的资本回报率，就继续持有。

   不要因为急于兑现账面利润就匆忙卖出。

4. 如果股价足够低，回购股份对于股东而言是件好事。

   回购会提高每股盈利，提升剩余股份的价值。

5. 不要为过热的公司支付高价。

   如果其他人陷入兴奋狂热之中，你不必跟随。

6. "注定"的公司是最好的投资对象（以合适的价格买进时）。

   因为它们在所属行业或领域中占据主导优势，并且由于其杰出的竞争优势，会保持其主导地位的延续。

7. 高质量的经济特许权也有可能丧失。

   例如报纸。所以，做好准备重新配置资本，投入到具有强大特许权的新领域里，例如电视台或教育领域。《华盛顿邮报》就是一个例子。

8. 不要频繁更换你的投资组合。

   高换手率会让你的经纪人和税务局高兴，却有损你的财富。

案例 22

韦斯科金融公司
(Wesco Financial)

投资概要	投资对象	韦斯科金融公司
	时间	1974 年至今
	买入价	大约每股 17 美元
	数量	最初 64% 的公司总股本，3 000 万美元
	卖出价	仍然持有
	获利	超过 20 亿美元

关于韦斯科金融公司的故事，最有趣的并不是公司后来的成功，而是在巴菲特和芒格买下这家公司之后的 30 多年，运用公司原有资源所实施的一系列明智之举。他们没有将公司里的闲置资金用于原有的储蓄和放贷业务，而是沿着伯克希尔探索出来的道路，将资金用于收购和构建其他重要的生意，例如投入保险业务，构建股票、债券和优先股投资组合，涉及的对象从雷诺兹烟草到富国银行，等等。

实际上，很多巴菲特的粉丝将韦斯科金融公司视为迷你版的伯克希尔，因为该公司旗下也拥有一系列全资子公司，特别是保险公司，以及可流通证券，其中很多证券也出现在伯克希尔的投资组合中。对于那些想搭上巴菲特和芒格快车的小投资者而言，韦斯科公司最吸引人的地方在于，相对于高高在上、动辄以十万美元计的伯克希尔股价，韦斯科的股价要便宜很多。

作为韦斯科的股东，还有一项额外福利——可以受邀参加公司年度股东大会，大会由查理·芒格亲自主持。大会在位于加利福尼亚州帕萨迪纳市的韦斯科自助餐厅举行，可以保证的是，参与股东会带着妙语如珠的智慧启迪离开。

韦斯科的生意

韦斯科金融是一家控股公司，旗下拥有帕萨迪纳互惠储贷联社公司，后者成立于 20 世纪 20 年代，创建人是鲁道夫·W. 卡斯珀。公司在第二次世界大战之后的房地产热潮中干得不错，并且于 1959 年在美国证券交易所挂牌。

但此后直到 1972 年，尽管这家公司被公认具有优良的管理、谨慎的成本控制以及不错的利润，但它的股价却死气沉沉，未能反映公司实际的发展情况，股价渐渐滑落到仅仅十几美元。

当时，公司股票分散在卡斯珀众多后人的手里，他们手中的股票加起来都未能达到控股的程度。这些人的领头人是伊丽莎白·贝蒂·卡斯珀·彼得斯，她是董事会成员，但这位 47 岁的女士同时需要照看孩子以及位于加州纳帕山谷里的农庄。直到今天，已经 90 岁高龄的贝蒂依然是韦斯科金融公司的董事会成员。韦斯科金融故事中的另一位关键人物是路易斯·R. 文森蒂，他在 1955 年加入韦斯科，此后地位迅速上升，1961 年成为公司总裁。

芒格和巴菲特的兴趣

有一段时间，巴菲特对于储贷类的公司兴趣浓厚，阅读了数以百计的该行业报告和财务数据。1972 年夏天，韦斯科金融公司的市值不到 3000 万美元，仅仅相当于公司净资产价值的一半。巴菲特和芒格指示蓝筹印花公司以 200 万美元买进了 8% 的股份。

1972 年下半年，贝蒂·卡斯珀·彼得斯希望董事会能够励精图治，促进公司发展。但是董事会里的其他董事拒绝了她的建议，并给她留下傲慢的印象。经历了这样的挫败，她想到一个方式，那就是将公司与其他具有进取精神的公司合并。这样，圣塔巴巴拉金融公司进入了她的视野，这家公司看起来似乎合乎标准，它们正在做着贝蒂希望韦斯科做的事，不断地开设分行，变得越来越强大。

一个糟糕的出价

1973 年 1 月，韦斯科宣布计划与圣塔巴巴拉金融公司合并。彼得斯留意到这项交易似乎有什么不妥的地方，但觉得这件事应该向前推进。

总部位于加州、持有公司 8% 股份的蓝筹印花公司以及奥马哈对这项交易大为光火，认为韦斯科的管理层让利太多，给圣塔巴巴拉公司的股份比重过大。于是，该计划被叫停。

沃伦·巴菲特接手韦斯科金融公司

面对这种情况，巴菲特和芒格提出了一个双管齐下的方案。

首先，蓝筹印花公司需要提升在韦斯科的投票权，它以 17 美元买入了更多的韦斯科股票，直至持有 17% 的股份（根据监管部门的要求，未经许可，对于储贷公司的持股，不得超过总股本 20%）。

其次，他们需要说服董事会，让他们明白这项合并案对于广大股东而言并非上佳之选。芒格提出要见韦斯科公司的 CEO 路易斯·R.文森蒂，但他被礼貌地告知，如果股东同意董事会的提案，这项交易将会继续推进。

于是遭到回绝的芒格去见了伊丽莎白·贝蒂·卡斯珀·彼得斯。起初，蓝筹印花公司的 CEO 唐纳德·考佩尔去见贝蒂，但被敷衍地打发走了。之后，巴菲特打电话给贝蒂，幸运的是，贝蒂刚刚读完一本书，名叫《超级金钱》[115]，书中描述了巴菲特和他的老师格雷厄姆。在这本书中，巴菲特被描述为一位思路清晰、充满商业智慧的思想家，对此印象深刻的贝蒂立刻同意在 24 小时内会见巴菲特。

他们在旧金山机场的候机室里见了面，一见如故，非常聊得来。贝蒂说她想在韦斯科做些事，巴菲特说如果给他机会尝试更好的替代方案，他愿意配合。巴菲特深信自己可以为韦斯科股东创造更多价值。

但是，万一巴菲特遭遇意外，或者被公共汽车撞了，贝蒂和她兄弟手中的股票怎么办呢？这不成问题，巴菲特说，查理·芒格是一个不错的人选，他可以接手股份。毕竟，巴菲特对于芒格的过人才智和诚实人品完全信得过，他是如此信任芒格，甚至已经安排好，万一自己不能履职，伯克希尔－哈撒韦公司和自己家族的股票都将交给芒格管理。经过3个小时的沟通，贝蒂同意去说服董事会停止正在进行的合并计划。

在接下来的第二次会面中，贝蒂同时见了芒格和巴菲特两人，她打算安排二人与董事会见面。此时，她发现有人继续在推动合并计划，而不是进行更多的讨论。对此，贝蒂很恼火，于是让家族成员投下反对票。

巴芒采取行动

公司合并计划被一个股东投票否决，这让董事们很生气。公司股价随之大跌，从17美元跌到11美元。

巴菲特和芒格展开行动。他们先是克服监管障碍，得以自由买入韦斯科超过20%的股份。然后，数次以邀约收购的形式从其他股东手中买入股票，最终蓝筹印花公司持有的韦斯科股票超过了其总股本的1/4。

　　巴菲特和芒格的出价是 17 美元，超过了市场价格。这种做法十分引人注目，尤其是在当时股市普遍大跌的情况下。他们出手很大方，以免被诟病是他们将合并的事情搞黄，然后在随后的股价下跌中捡便宜。

　　除了两人认同共同的行为准则和荣誉准则外，巴菲特和芒格还需要获得路易斯·文森蒂的尊重、信任和配合。他们将文森蒂视为韦斯科的关键人物。

　　他们阻止了文森蒂提出并主导的合并计划，他们至少应该做的是，给其他股东以原来的股价退出的机会。这样，文森蒂可以看到他服务多年的股东，其中很多是他的老朋友，能够得到一个公平的对待。巴菲特和芒格认为文森蒂是一个心直口快、精明、独立、值得敬佩的人，虽然脾气有点古怪。他们希望文森蒂能成为长期的合作伙伴，"伙伴"这个词，包括了信任、尊重、真诚、共同致富等特征。

　　1974 年上半年，蓝筹印花公司买入了足够多的股份，宣布拥有了公司控股权。贝蒂仍然是一个小股东，她曾经做出的投出反对票的决定，日后被认为是韦斯科公司转型中最为幸运的决定。

韦斯科早期的奋斗

　　1974 年，巴菲特和芒格加入了韦斯科董事会。同时蓝筹印花公司继续买进韦斯科股份，到 1974 年年底，已经拥有了 64% 的股份。到 1977 年年底，达到了 80%，这是与贝蒂达成协议的上限。

韦斯科的表现不错，例如，1977 年该公司税后利润的 80% 贡献给蓝筹印花公司，数额达到了 571.5 万美元。考虑到 3000 万到 4000 万美元的投资成本，这个回报相当不错。[116]

更有意思的地方在于，这种非凡的表现并不仅仅来源于韦斯科储贷业务发展带来的盈利增长，来自强劲的资产负债表的资本增值也贡献可观，"子公司储贷业务之外的巨量资产可用于别处"。[117]

接下来的一年，在 1978 年，韦斯科 80% 的净利润给蓝筹印花带来的贡献跃升到 741.7 万美元。当时，储贷行业一片繁荣景象，但这种繁荣却无法延续下去了。

注意，伯克希尔 – 哈撒韦公司并没有完全受益于这 741.7 万美元，因为当时伯克希尔仅持有 58% 的蓝筹印花，而蓝筹印花持有 80% 的韦斯科金融公司。这样，相当于伯克希尔间接持有 46% 韦斯科金融公司的股份。这种情况一直持续到 1983 年，伯克希尔才全资拥有蓝筹印花公司 100% 的股份。

涉足钢铁业的行动

我们前面提到，韦斯科公司的部分资金被用于证券投资，但是直到 1979 年之前，该公司还是只运营着先前单一的业务。之后，它收购了一家中西部的钢铁服务公司，名为精密钢铁仓储公司，位置在芝加哥郊外，收购价格约为 1500 万美元。除了销售金属型材之外，精密钢铁仓储公司还以自己的品牌制造和分销工具车间储备物资和其他产品。

1978 年，精密钢铁仓储公司的税后利润为 191.8 万美元，所以，1500 万美元的收购价格看起来不错。然而，钢铁供应业务是高度竞争的市场，比大多数行业更容易受到经济波动的影响。公司在接下来的几年中利润开始下滑，刚开始的时候，下滑并不明显，但是到了 1981 年的第 4 季度，钢铁行业陷入严重的衰退，公司利润开始断崖式下跌。到了 1982 年，税后利润仅为 30 万美元。

除了行业衰退的打击，公司还犯了"一个商业错误"，这被芒格和库普尔记录在 1982 年蓝筹印花公司的年度信件里。他们说，他们不应该涉足小型测量工具分销行业。这个精密钢铁公司的子公司在 1982 年关门大吉，但"成本损失不小"。坦率地讲，这对于小型企业集团来说，是一个不太好的开端。

然而，历经风雨之后，精密钢铁公司今天依然还在韦斯科旗下，只不过这么多年来，多在苦苦支撑中度过，没有几年是好日子。例如，在 20 世纪 90 年代后期，有几年税后利润达到了惊人的高点——超过 300 万美元，但在此之前的连续 4 年，公司在盈亏平衡点附近苦苦挣扎。总之，我们可以将精密钢铁公司看作巴菲特和芒格运作的最不赚钱的一项投资。

储贷行业危机四伏

20 世纪 80 年代，韦斯科金融公司旗下的业务包括苦苦挣扎之中的钢铁业务，以及原本的储贷业务，加上一些证券投资组合。但此时，公司的储贷业务开始向巴菲特和芒格提出挑战。早在1980年的春天，作为蓝筹印花以及韦斯科金融的最高管理层，查理·芒格和唐纳德·库普尔就发出警示，说整个储贷行业前景堪忧的可能性在增大。这个行业出现了一个非常严重的问题，即储贷机构的贷款利率是固定的，而且期限长达数十年之久，但它们吸收的存款支付的却是浮动利率，而且储户们可以随时提取存款。

20世纪80年代早期，随着通货膨胀和社会一般利率的上升，储贷行业被迫不断提高存款利率以吸引储户，但对于之前已经发放的房屋按揭贷款，却无法提高利率以冲抵成本的上升，因为之前已经签订了固定利率的贷款合同。这样导致它们从贷款客户那里收到的利息低于支付给储户的利息。最终，很多储贷公司破产了。

在这种严峻情势下，巴菲特、芒格和库普尔所具备的广阔经济视野和深厚商业知识发挥了作用，使得韦斯科金融在行业中占居了有利的位置，不但在这场危机中生存下来，而且发展壮大了。他们早就预见到了来自互惠储贷业务的利润会暴跌，所以在1980年3月，将互惠储贷业务公司除总部大楼之外的全部资产都卖给了布伦特伍德储贷联社公司。

在出售之前，互惠储贷业务拥有超过4.8亿美元的存款，其中大约3亿美元与等额抵押贷款一起被转让给了布伦特伍德。

这样做真是明智之举，而且明智之极，因为：

◎ 此举在暴风雨来临之前，一次性减少了约2/3暴露在储贷市场上的资金。

◎ 通过出售实体分公司办公室筹集了现金。

◎ 由于分公司的剥离，减少了为1.5亿美元按揭贷款客户及1.7亿美元存款客户服务的成本。

◎ 以现金、证券、存款等安全的方式为韦斯科公司保留了一大笔资金（约1.04亿美元）。继伯克希尔旗下保险公司和蓝筹印花账上的浮存金之后，这成为巴菲特和芒格可以进行配置的另一笔巨额资金。

出售了韦斯科的储贷主体业务后，他们表示，这并不是说利率一定会上升并会带来毁灭性打击，而是说，在利率有可能上升时保护公司避免遭受打击。在1980年3月给蓝筹印花公司股东的信件中，芒格和库普尔写道：

　　"如果在接下来的数年中，通货膨胀和利率显著上升，并且有可能持续，那么（上述）出售业务的行为会极大地改善未来利润的整体表现。这样做，是互惠储贷业务公司针对高通胀的负面环境采取自我保护措施，以避免损失，而不是为了从低通胀中获得利润最大化。采取这些措施并不是基于认定未来的通胀不可避免，甚至很有可能发生。采取这些措施是基于安全边际的考虑。作为金融机构，我们要对互惠储贷业务公司进行重构，以此来降低公司的'地震'风险。"

我认为他们对储贷行业危机的先见之明，以及他们对互惠储贷业务公司所采取的果断行动，极其英明睿智。他们已经为韦斯科公司构建了一个光明未来。

转型开始

出售分公司释放出来的资金被分配给股东。1982年年初，蓝筹印花所派发的现金分红，有80%是来自于韦斯科金融公司的分红。表22-1提供了相关数据，这些数据显示了无论是投资控股或非控股公司，只要是优秀的公司，资金都能得到很好的使用。

表22-1 蓝筹印花平均权益和互惠储贷公司现金分红（1975～1981年）

年　度	蓝筹印花持有互惠储贷公司的平均权益（美元）	蓝筹印花收到的来自互惠储贷公司的现金分红（美元）	分红的年度回报率（%）
1975	1 200	190	16.1
1976	2 060	320	15.7
1977	2 390	380	16.1
1978	2 530	530	20.9
1979	2 560	670	26.3
1980	2 240	990	44.0
1981	1 880	190	10.2

资料来源：Charles T. Munger and Donald A. Koeppel, Blue Chip Stamps chairman and president's letter (1981)

除了互惠储贷业务之外，路易斯·文森蒂很好地运用了留存在韦斯科公司里的资金，芒格和巴菲特对他的这一举动大加赞扬。在提升效率、降低成本的同时，他做了那些一心想将公司做大的公司高管完全不会做的事情，他逐步缩小生意规模，目的是提高股东回报。到了 1983 年文森蒂退休的时候，互惠储贷公司的年度利润超过了 300 万美元，而此时储贷行业里的很多公司还处于亏损状态。

虽然储贷行业整体发展逐渐式微，但其资金却可以用于其他具有更好投资机会的地方。20 世纪 90 年代后期，查理·芒格在韦斯科公司的年度信件中，将储贷业务置于无可奈何的标题之下："储贷业的好日子一去不复返了。"

浓墨重彩的一笔终结标记

虽然原来提供按揭贷款的储贷业务江河日下，但最后还得到了一项意想不到的、价值数亿美元的收获。互惠储贷公司曾经投资联邦住房贷款抵押公司（即房地美）7200 万美元，持有后者 2880 万股股票。2000 年，它卖出了这些股票，"使得韦斯科公司在 2000 年实现了税后证券利得 8.524 亿美元。"[118]

我们知道在 20 世纪 70 年代，整个韦斯科公司的估值也只有不到 4000 万美元，那么 2000 年出售房地美而大赚的 8 亿美元，已经是非常令人满意的回报了。但是，这还不是韦斯科的全部，远远不是。

韦斯科的保险业务

韦斯科公司最为重要的资本配置转型发生在 1985 年，始于和菲尔曼基金保险公司的合作。后者曾经是美国运通的旗下公司，1985 年独立在证券交易所挂牌上市，掌舵人是保险行业的老将杰克·拜恩。20 世纪 70 年代早期，拜恩将处于破产边缘的盖可公司拯救了过来，当时伯克希尔是盖可的大股东，他的力挽狂澜之举赢得了巴菲特的由衷钦佩和感谢。

巴菲特对于拜恩是如此欣赏，以至于他愿意让伯克希尔旗下的国民赔偿保险公司再保险菲尔曼基金保险公司 7% 的保险业务，为期四年（仅有极少数例外）。在保险行业里，这种交易被称为"配额份额合约"（即分保业务。——译者注）。这意味着伯克希尔 – 哈撒韦公司的损失和成本在合约期间，与菲尔曼基金保险公司保持同样的比例。

反过来，菲尔曼基金保险公司将收取的保费同比例支付给国民赔偿保险公司。这样，伯克希尔承担了 7% 的相应风险，并获得了相应保费收入，这些收取的保费成为伯克希尔浮存金的一部分，可以用于投资。当时，菲尔曼基金保险公司的保费收入约为 30 亿美元（并预期逐年上升），而 30 亿美元的 7%（2.1 亿美元）会流入伯克希尔 – 哈撒韦。当然，一旦发生索赔，这些钱会用于支付赔偿。但即便如此，依然会有数额可观的浮存金留在巴菲特手中做投资之用，因为保险客户从支付保费到申请理赔，往往都会存在一个时间差。

在巴菲特 1985 年致股东的信中，给出了当初的金额数字："1985 年 9 月 1 日，公司（菲尔曼基金保险公司）预收的保费储备金为 13.24 亿美元，它将其中的 7%，也就是 9270 万美元转给我们。我们同时按照转让保费金额支付给对方相应的承保成本 2940 万美元。"[119]

韦斯科的定位

尽管菲尔曼基金保险公司所有的保单，都由国民赔偿保险公司承保，但其中的 2/7 被转给了韦斯科金融保险公司，这是韦斯科旗下新成立的子公司，业务包括保险和再保险。

韦斯科与菲尔曼基金保险公司的协议到 1989 年 8 月终止，但是给韦斯科带来的好处依然在持续。有数亿美元的浮存金继续留在韦斯科，作为 1985 年到 1989 年期间投保客户未来理赔的准备金。甚至直到 1997 年年底，韦斯科金融保险公司依然持有 2.75 亿美元的保险储备金。

查理·芒格非常清楚保险储备金的好处。正如他在 1997 年给韦斯科股东的信中所说的："在所有的理赔都完成之前，有非常长的时间，在这期间，韦斯科金融保险公司可以享受很多年来自于浮存金投资的收益。"

韦斯科金融保险公司继续承接其他的再保险业务，包括大型和小型的配额份额合约，有些与菲尔曼基金保险公司的协议类似，有些并不相同。没过多久，韦斯科金融保险公司将总部搬到了伯克希尔总部所在地奥马哈，尽管它依然是韦斯科的子公司。1994年之后，韦斯科金融保险公司将业务拓展至一种特别类型的再保险——巨灾险（地震、飓风等）。这项业务要求承保公司根据年度保费收入相应提取巨额准备金，因为它必须面对可能出现的巨额索赔。关于这项业务，查理·芒格的表述如下：

"……巨灾险不适合胆小的人。未来发生灾难和持续几年的业绩波动是无可避免的。就本质而言，巨型灾难的发生及其导致的巨大负面后果与概率有关，只会在偶尔几年发生，而这正是韦斯科金融保险公司愿意进军巨灾险的原因。巨灾险的投保人（尤其是聪明的投保人）常常希望与伯克希尔的子公司打交道（因为它们拥有最高等级的信用评级以及可靠的公司品质），而不愿意和其他不那么谨慎、简单、资金充裕的保险公司打交道……这样，在那些财务健康、决策有章法的保险公司眼里，巨灾所引发的后果是可以被理性预估的，长期业绩是可以期待的，尽管某些年份会有巨大的损失，在另外一些年份可能承揽业务的机会有限……由于韦斯科金融保险公司与伯克希尔的联盟关系，使得它受益于伯克希尔这块金字招牌，在业务承揽方面具有了特殊的优势。"[120]

信用评级机构标准普尔对韦斯科印象深刻，给予韦斯科最高等级的理赔能力评级：AAA。此时的韦斯科公司在传统的储贷业务之外，已经拥有大量资金投资于证券（例如房地美）。此外，得益于与伯克希尔－哈撒韦的特殊关系，它同时获得了声誉优势。

由于韦斯科与伯克希尔基于互信基础上的关系，以及伯克希尔公司在承保方面卓越的专业性，韦斯科董事会同意自动承担伯克希尔全资子公司的再保险风险。这项决议的精妙之处在于，韦斯科金融保险公司几乎不需要雇用相关员工，因此业务成本极低，实际上它招揽业务或管理保险的成本几乎为零。

不过，巨灾险的承保利润并不丰厚。实际上，这个领域早期的利润在2001年纽约双子塔恐袭时被一笔勾销，亏损超过1000万美元或更多。但是，至少韦斯科金融保险公司利用巨灾险保费收入所创造的浮存金参与了更多的再保险业务，主要集中于航空、船舶、责任和工人补偿等方面。

韦斯科金融保险公司这些年的净利润如表22-2所示（这些数据从伯克希尔－哈撒韦中分离出来），其中很大部分是投资收益，投资收益远远大于承保收益，因为它在糟糕年份再保险的承保损失，往往会抵消掉好年份的承保利润。

注意，创造这个水平的利息和分红，需要数亿美元的负债、优先股、权益类证券（那些变现的资本利得，例如来自出售房地美股票的利得，另外计算）。显然，这说明在整个20世纪90

年代，韦斯科成长非凡，规模已经非常大。

表 22-2　韦斯科金融保险公司净利润（利息和持股分红，加上承保损益）

年度	净利润（万美元）
1996	2 500
1997	2 750
1998	2 950
1999	3 720
2000	3 860
2001	3 590
2002	4 200
2003	4 010
2004	3 570
2005	4 280
2006	5 540
2007	6 130
2008	6 280

迷你型企业集团

1996 年，韦斯科在保险行业进一步拓展，投资大约 8000 万美元收购了堪萨斯金融担保公司（Kansas Bankers Surety，KBS）。接下来的一年，KBS 贡献了 600 万美元的保险业务净利润。对于 8000 万美元的投资金额而言，这个回报似乎看起来不算高。但是巴菲特和芒格推断，该公司运营状况非常优秀，具有极其靓丽的承保记录、杰出的经理人，所以，KBS 不久将会贡献巨大。

堪萨斯金融担保公司

KBS 创立于 1909 年，最初是为堪萨斯银行业的存款提供承保业务，这表示它为储户提供保险，保证即便在银行倒闭的情况下，储户也能取回存款（超过联邦政府保障额度之上的部分）。这些年来，KBS 的业务拓展到了中西部主要的 22 个州，涵盖了小型到中型的社区银行。KBS 还承保银行高管的责任保险，如果银行的董事或经理人因不当行为需要承担公众责任，KBS 便支付保险金。除此之外，KBS 还有其他的保险，例如银行员工从业保险、银行年金和共同基金责任保险、银行保险经纪人执业责任保险等。由于专注于银行业务的细分领域，KBS 凭借专业水准获得了业内极高的认可，具有了强大的竞争优势。

巴菲特和芒格欣赏的 KBS 关键人物是该公司总裁唐纳德·托尔。他是业内的行家里手，对自己所处的行业了如指掌。他的工作团队非常紧凑，经理和员工一共只有 13 人。在巴菲特 1996 年致股东的信中，他将托尔称作"一位杰出的管理者，他与数百位银行家直接建立了联系，并且了解运营中的每一个细节。他将公司视为'自己的'公司来经营，这种态度正是我们伯克希尔所珍视的。"

1996 年，巴菲特在致股东的信中，以调侃的方式讲述了他以随意方式挑选什么样的公司购买：

"你们也许感兴趣，伯克希尔是以怎样精心策划的复杂策略进行公司收购的。（让我来举一个例子吧。）1996 年年初，我受邀参加侄媳妇简·罗杰斯 40 岁的生日晚会。我一向对社交活动兴趣了了，于是立刻以委婉的方式找理由拒绝参加。但晚会的策划人非常聪明，他告诉我晚会上坐在我旁边的是我一直喜欢的人，简的父亲罗伊·丁斯代尔。于是，我去参加了这场生日晚会。

晚会在 1 月 26 日举行。尽管音乐声音很大——我不明白为什么声音这么大，难道乐队是按照分贝来收费的吗？我努力倾听着罗伊的讲话，他刚从 KBS 的董事会会议赶来，这家公司我一直很欣赏。我大声地回复他，如果有一天这家公司想出售，一定要告诉我。

之后的 2 月 12 日，我收到了罗伊的信：'亲爱的沃伦，随信寄上的是 KBS 的年度财务报告，这家公司就是我们在简的生日晚会上讨论的那家。如果我可以提供更多帮助，悉请告知。' 2 月 13 日，我告诉罗伊，我们愿意出价 7500 万美元收购 KBS。没过多久，我们就完成了交易。现在，我正计划着参加简的下一场晚会。" [121]

原本已经相当强大的 KBS 公司由于背靠伯克希尔这棵大树，获得了进一步的提升。KBS 总裁唐纳德·托尔说，成为伯克希尔集团的一员后，没有人再质疑公司的偿付能力了。他同时说，巴菲特放手让公司发展，从不插手干预。时至今日，KBS 的管理团队依然非常精干，仍专注于银行保险，总部依然位于堪萨斯。

考特商业服务公司

2000 年 2 月，韦斯科公司以 3.84 亿美元收购了考特商业服务公司，从而跨入商业家具租赁行业。该公司具有巴菲特和芒格进行收购时所看重的关键素质：在枯燥无趣、被人忽视的行业里，是价格没有被高估的优秀企业。还有一位杰出的管理者——保罗·阿诺德。

在家具租赁行业里，考特公司算得上是行业的领头羊，拥有 117 家展示店，当时刚刚从一次失败的杠杆收购中恢复过来。1999 年，公司营收为 3.54 亿美元，其中 2.95 亿美元是家具租赁收入，0.59 亿美元是家具销售收入。1999 年公司的税前利润为 0.46 亿美元。美国很多大型公司都需要临时租赁家具，它们都是考特的客户。一般情况下，家具出租三次之后，就会放在考特清仓中心出售。

从一开始，保罗·阿诺德就获得了承诺，他"不会受到来自韦斯科公司总部的任何干涉。如果我们对这样一位卓越的企业家指手画脚，那绝对是不明智的[122]"。芒格同时表达了他的期待，认为这家公司会取得"可观的扩展"。

非常长期的专注

尽管起初持乐观态度，巴菲特和芒格对这家公司还是需要极大的耐心——事实上，时至今日，他们还在等待良好的回报。自从 2000 年互联网泡沫破裂以及 2001 年 9 · 11 恐怖袭击之后，办公家具的需求持续下跌。2000 年 3 月到 12 月，这 10 个月的运营收入为 0.29 亿美元。到 2001 年下滑超过一半，仅有 0.131 亿美元。2003 年，公司还出现了亏损。

芒格遗憾地在 2001 年的股东信中提到，即使是最有能力和经验的投资者，也难以预测经济和突发事件："很明显，当我们购买考特公司时，在家具租赁这个商业领域中，我们是糟糕的预测者，我们对于近期的行业前景并无先见之明。"尽管世事艰难，考特公司在萧条期还是收购了几家小型的同类公司，扩大了它的地理版图。此外，考特公司还将业务扩展到公寓领域，这有助于公司重新安置员工。

大约三年后，情况逐渐好转。到 2006 年，公司税后利润几乎回到了 2000 年的水平，达到 0.269 亿美元。但随着金融危机的爆发，2009 年考特公司又再次出现亏损。此后，公司利润（以税前利润形式）渐渐回升：

◎ 2011 年，0.29 亿美元；

◎ 2012 年，0.42 亿美元；

◎ 2013 年，0.42 亿美元；

◎ 2014 年，0.49 亿美元；

◎ 2015 年，0.55 亿美元。

尽管近年来利润逐步提升，但你肯定有这样的疑问，当年支付的 3.84 亿美元的收购价格，是否留有足够的安全边际。或许从此以后，公司情况会继续改善。

35 年之后的合并

2011 年，伯克希尔终于将手中持有的 19.9% 的韦斯科股票转让给其他股东，成本是 5.5 亿美元。这个数字乘以 5，我们可以得出当时韦斯科公司的估值为 27.5 亿美元。考虑到当年蓝筹印花公司仅用 3000 万到 4000 万美元就买下 80% 的韦斯科股份，这个回报还不错。

这个估值是从何而来的呢？毕竟，精密钢铁公司和考特公司并没有多少贡献。奥秘就在于储贷业务中原有资金的运用，这些资金在韦斯科公司里被逐步投资于债券、优先股以及其他证券，取得了非常惊人的回报，例如投资房地美股票，其价值从 0.72 亿美元增长到 8 亿美元。

之后，韦斯科拓展了再保险业务和银行保险业务，这些业务得到了伯克希尔–哈撒韦承保专家的大力支持，此外，韦斯科用保险浮存金进行证券投资，也有很多成功的案例，以下是其中三个：

◎ 所罗门旅行家集团。

　　1997 年，韦斯科同意用其持有的所罗门公司的优先股和普通股，交换旅行家集团的优先股和普通股。所罗门股票是韦斯科于十年前花 0.8 亿美元购买的，而旅行家股票的价值比 0.8 亿美元多出 1.121 亿美元，回报率为 140%。

◎ 吉列、宝洁公司。

　　韦斯科于 1989 年以 0.4 亿美元买入吉列可转换优先股，1991 年转换为吉列普通股。2005 年这些股票又换为宝洁公司股票，其价值为 2.161 亿美元，回报率为440%。

◎ 富国银行

　　这笔投资发生于 2008 年，此时正值全球金融危机。尽管时机不佳，富国银行的股价仍从 2008 年 1 月的 26 美元，上升到现在的 44 美元。

学习要点

1. 将声誉视为极为重要的资产。

如果不是贝蒂·彼得斯听说过巴菲特的好名声而愿意同他见面，或许韦斯科公司的交易就不会发生。

2. 资产配置可能会犯错。

如精密钢铁公司的案例。但优秀的投资者或管理者会从这种打击中恢复过来，并秉承既定的原则继续前行。

3. 关注下跌风险。

如果行业龙头都一窝蜂地冲向悬崖，可能会导致不理性的从众行为，例如 20 世纪 80 年代的储贷行业，一方面是固定利率的按揭贷款，一方面是浮动的存款利率；或者是 2007 年银行大买证券化债券。投资者必须做好准备，万一整个市场崩溃时，能够降低损失。

4. 信任可以节省巨大的成本。

例如，韦斯科信任伯克希尔具有明智的承保定价能力，这样，韦斯科就不必雇用昂贵的承保团队，从而节省了大量成本。

伯克希尔 – 哈撒韦帝国

现在，我们来到了沃伦·巴菲特人生中非常重要的转折点。20世纪70年代中期，巴菲特的身家达到了1亿美元，但他的资产分布在不同的投资工具和形式上，有些在个人投资组合里，有些在伯克希尔 – 哈撒韦公司，有些在多元零售公司，有些在蓝筹印花公司。令人更加眼花缭乱的是，这些公司相互交叉持股。每家公司又都有各自的外部股东，他们有自己的利益打算。

在经历了30余年的投资历程之后，巴菲特到了需要厘清股权架构的时候，这一章谈谈巴菲特整合持股的故事。

纠纷

20世纪70年代中期，巴菲特在不同公司里的直接持股和交叉持股经常会有变化，但是整体结构基本保持不变，直到这次大整合。如果只是提供持股比例，恐怕只能做出一张令人费解的图表，考虑到这三四年持股情况的变化，我将信息尽量简化，如下图所示。

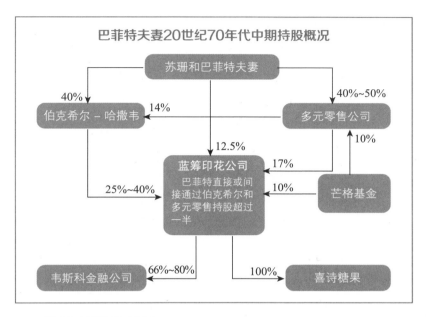

监管部门的关注

1974年，美国证券交易委员会（SEC）注意到了韦斯科公司的多宗交易，他们关注到巴菲特和芒格直接或通过多元零售公司间接掌控蓝筹印花公司。同时，巴菲特通过伯克希尔影响蓝筹印花公司（此时，芒格还没有伯克希尔的股份，也没有在伯克希尔担任管理层角色）。而且，巴菲特通过直接持股，或通过多元零售公司的间接持股，控制着伯克希尔－哈撒韦公司一半股权。

从表面来看，其中可能存在着重大利益冲突，毕竟各个公司还有其他股东。如果大股东滥用控股权，可能会对其他股东造成伤害。SEC 一定会问，芒格和巴菲特是否会密谋操纵目标公司的股价？一个特别引人关注的地方在于，芒格基金与蓝筹印花实际控制人，及其控股公司例如韦斯科之间的关系？那些小股东又被置于何处？

自证清白

巴菲特已经注意到了这个问题，他认为自己的持股没有必要这么复杂，外界有理由怀疑小股东权益会受到侵害。于是，他宣布了一个计划，将多元零售公司并入伯克希尔 – 哈撒韦。

SEC 对此穷追不舍，他们提出了很多问题，想知道发生了什么。芒格和巴菲特在 1974 年秋天，解释了他们的动机及相关细节。让他们恼火的是，SEC 竟宣布要正式展开调查，档案名为《关于蓝筹印花、伯克希尔 – 哈撒韦公司、沃伦·巴菲特，编号 HO-784》。SEC 要调查的是，巴菲特是否本人或与人联手，设计和实施诈骗计划？他有没有谎报或遗漏重要事实？蓝筹印花公司有没有操纵韦斯科股价？巴菲特和芒格有没有其他密谋？

大量关于伯克希尔、喜诗糖果以及其他公司的相关文件被送到 SEC。1975 年 3 月，芒格和巴菲特连续两天被 SEC 传唤作证。

问：芒格有没有参与圣塔巴巴拉储贷社股票的做空活动？

答：没有。

问：蓝筹印花公司有没有为收购韦斯科公司，刻意阻挠韦斯科与圣塔巴巴拉的合并？

答：二者的合并还不是一个明确的计划，而且成功可能性极小。

问：在合并计划落空之后，为什么还要以高价购买韦斯科股票？毕竟，这样会使蓝筹印花的股东有所损失，是不是这样？

答：长期而言，如果能善待韦斯科股东，蓝筹印花股东也将从中受益。路易斯·文森蒂、贝蒂·彼得斯以及韦斯科其他股东可以因此而感受到诚意，收购之后双方的关系是否融洽，对于未来的影响非常重大。

巴菲特的大整合

SEC 的调查涉及巴菲特的持股结构，以及他和芒格在蓝筹印花和韦斯科之间千丝万缕的联系，调查一直持续到 1975 年。显然，巴菲特复杂的投资结构，让人更加怀疑他采用不道德的手段牟利。这使巴菲特更加下定决心，要将他的生意简化。

经过两年的调查，SEC 得出这样的结论：蓝筹印花公司导致合并案失败，并人为抬高了韦斯科股价。尽管如此，SEC 并没有做出对巴菲特的不利裁决。巴菲特只需要承诺这样的事情不会再次发生。尽管没有认不认罪的问题，蓝筹印花公司还是支付了 11.5 万美元给一些据称受到损害的韦斯科股东。总之，这不过是个轻微的处罚。

合并

1978 年，拥有零售业务以及火险、意外险、员工保险业务的多元零售公司终于并入伯克希尔。芒格手中持有的多元零售公司股票被转换为伯克希尔股票，相当于持有 2% 的伯克希尔股份，芒格同时出任伯克希尔副董事长（在此之前，芒格已经关闭了自己的投资合伙公司）。

多元零售公司的另一位股东桑迪·戈特斯曼也将持股转换为伯克希尔股票，持股略低于芒格。

合并完成后，伯克希尔控制了蓝筹印花公司过半股权（约58%），巴菲特持有 13% 的蓝筹印花股份，除此之外，他实际上再无其他投资组合。巴菲特持有伯克希尔 43% 的股份，他的妻子苏珊持有 3%。1983 年，伯克希尔买下了蓝筹印花其余所有股份，完成了 100% 持股。

反思时刻

完成多元零售公司与伯克希尔的合并时，巴菲特 48 岁，看到自己多年来努力的杰作，他应该心中充满了成就感。伯克希尔股价很快上升到 200 多美元，这意味着巴菲特夫妇的身家超过 1 亿美元。

自 11 岁开始，以区区 229.50 美元为姐姐多丽丝和自己买了 6 股城市服务公司优先股，到掌控一个包括喜诗糖果等众多优质资产在内的企业帝国，这些资产还能创造数百万源源不断的现金流，供巴菲特继续投资。

同时，他还能年复一年地使用数亿美元的保险浮存金进行投资，并且在绝大多数年份，保险公司的承保利润也相当不错。更美好的是，那些他持股的公司，本身质地优良，拥有他喜欢的优秀管理者，例如《华盛顿邮报》的凯瑟琳·格雷厄姆、伊利诺伊国民银行的尤金·阿贝格。难怪巴菲特可以每天跳着踢踏舞去上班。

巴菲特再也不用担心贫困了，他已经积累了巨大的财富。那么，是什么力量让他继续奋斗呢？就像很多亿万富翁依然勤奋工作一样，他热爱工作带来的兴奋，他喜欢在未完成的画布上继续挥洒。他是一个富于创造力的人，他想继续发挥聪明才智，去创造更大、更好、更了不起的成就。有了伯克希尔－哈撒韦这样坚实的基础，他可以尽情构建一些伟大壮丽的东西。在40年的时间里，他将一家疲弱的纺织厂打造为世界上五大顶尖上市公司之一，市值超过4000亿美元。他现在是可口可乐、富国银行、伯灵顿北方圣达菲、美国运通、IBM等众多公司的大股东。

巴菲特仍然在持续扩张他的帝国版图。如果他可以活得更久，我看不到任何原因可以阻止他成为世界上最大企业的领导人。这对于一个来自奥马哈的谦卑的小伙子来说真是了不起，他始终恪守这样一句格言：不要做任何你不打算让配偶、亲人和朋友在第二天的报纸头条看到的事情。

附录 案例总结

以下汇总了本书中描述的投资案例,表格中的信息已经出现在每章的开头。

案例	时间(年)		金额(美元)		收益(美元)
	买入	卖出	买入	卖出	
城市服务	1941	1941	114.75	120	5.25
盖可保险	1951	1952	10 282	15 259	4977
洛克伍德公司	1954	1955	不等	不等	13 000
邓普斯特农机	1956	1963	999 600	330 万	230 万
桑伯恩地图	1958	1960	大约 100 万	转为投资组合份额	约 50%
伯克希尔	1962	—	14.86 美元/股	如今 245 000 美元	数百亿
美国运通	1964	1968	1 300 万	3 300 万	2 000 万
迪士尼	1966	1967	400 万	620 万	220 万
霍希尔德-科恩	1966	1969	480 万	400 万	-80 万
国民赔偿保险	1967	—	860 万	—	数十亿
联合棉纺	1967	—	600 万	并入伯克希尔	不详

案例	时间（年）		金额（美元）		收益（美元）
	买入	卖出	买入	卖出	
蓝筹印花	1968	—	300万～400万	并入伯克希尔	数以亿计
伊利诺伊国民银行信托	1969	1980	1 550万	1 750万	大于3 200万（含分红）
《奥马哈太阳报》	1969	1980	1.25	不详	不详，但亏损
喜诗糖果	1972	—	2 500万	伯克希尔成员	大于20亿
《华盛顿邮报》	1974	—	1 060万	转为投资组合份额	数以亿计
韦斯科金融	1974	—	3 000万～4 000万	伯克希尔成员	大于20亿

注：

- 表中数据为可以获得的最准确数据。一些案例中的数据，基于一系列的素材来源，并进行了一定的推算。
- 表中出现"不适用"的地方，在绝大多数情况下，表示巴菲特从来没有出售该公司，至今一直还在伯克希尔－哈撒韦旗下。
- "金额"一栏中的美元数字指的是每一项目交易中买卖的绝对数字。

注　释

1. 本杰明·格雷厄姆和大卫·多德，《证券分析》（麦格劳 – 希尔，惠特莱西出版社，1934 年）。
2. 同上。第 2 章。
3. 沃伦·巴菲特 1994 年 12 月 6 日，在纽约证券分析师协会的演讲。
4. 沃伦·巴菲特 1959 年致合伙人的信。
5. 沃伦·巴菲特 1958 年致合伙人的信。
6. 沃伦·巴菲特 1961 年致合伙人的信。
7. 沃伦·巴菲特 1963 年致合伙人的信。
8. 安德鲁·基尔帕特里克《永恒的价值：沃伦·巴菲特的故事》（南方出版人集团，1996 年）第 139 页。
9. 同上。第 139 页。
10. 沃伦·巴菲特 1964 年致合伙人的信。
11. 沃伦·巴菲特 1963 年致合伙人的信。
12. 关于费雪，我综合了两个来源："金融时报关于价值投资"的部分和"伟大的投资者"。你可以考虑阅读一下费雪的书《普通股和非普通的利润》。
13. 关于 PE（市盈率）的更多解释超出了本书的核心，但是如果你有意学习更多的话，可以在互联网上找到更多的资源。将"市盈率"一词输入搜索引擎即可。
14. 沃伦·巴菲特 1995 年致伯克希尔股东的信。
15. 沃伦·巴菲特 1991 年在圣母大学的演讲。www.tilsonfunds.com/Buffett-NotreDame.pdf
16. 沃伦·巴菲特 1995 年致伯克希尔股东的信。
17. 沃伦·巴菲特 1989 年致伯克希尔股东的信。
18. 沃伦·巴菲特 2014 年致伯克希尔股东的信。
19. 同上。
20. 沃伦·巴菲特 1966 年致伯克希尔股东的信。

21. 沃伦·巴菲特 2014 年致伯克希尔股东的信。

22. 罗杰·洛温斯坦《巴菲特——一个美国资本家的成长》（百老汇图书，纽约，1995 年）。

23. 杰克·林沃尔特的回忆录《国民赔偿保险及其创始人杰克·D·林沃尔特的传奇》。

24. 同上。

25. 同上。

26. 同上。

27. 沃伦·巴菲特 2014 年致伯克希尔股东的信。

28. 沃伦·巴菲特 1968 年致合伙人的信。

29. 摘自爱丽丝·施罗德的《滚雪球》（布鲁姆斯伯里出版社，2009 年）。252-253 页。

30. 沃伦·巴菲特 1989 年致伯克希尔股东的信。

31. 沃伦·巴菲特 1969 年 1 月致合伙人的信。

32. 沃伦·巴菲特 1969 年 12 月致合伙人的信。

33. 沃伦·巴菲特 1966 年 1 月致合伙人的信。

34. 沃伦·巴菲特 1969 年 7 月致合伙人的信。

35. 沃伦·巴菲特 1967 年 1 月致合伙人的信。

36. 同上。

37. 同上。

38. 同上。

39. 同上。

40. 同上。

41. 同上。

42. 同上。

43. 沃伦·巴菲特 1967 年 10 月致合伙人的信。

44. 同上。

45. 同上。

46. 沃伦·巴菲特 1967 年 10 月致合伙人的信。

47. 同上。

48. 同上。

49. 同上。

50. 同上。

51. 沃伦·巴菲特 1968 年 1 月致合伙人的信。

52. 同上。

53. 同上。

54. 肯·蔡斯 1967 年致伯克希尔股东的信。

55. 沃伦·巴菲特 2001 年致伯克希尔股东的信。

56. 沃伦·巴菲特 1978 年致伯克希尔股东的信。

57. 沃伦·巴菲特 1975 年致伯克希尔股东的信。

58. 沃伦·巴菲特 1979 年致伯克希尔股东的信。

59. 同上。

60. 沃伦·巴菲特 1980 年致伯克希尔股东的信。

61. 沃伦·巴菲特 1982 年致伯克希尔股东的信。

62. 沃伦·巴菲特 1968 年 7 月致合伙人的信。

63. 同上。

64. 同上。

65.《水牛城新闻报》2012 年 12 月 21 日。

66. 肯·蔡斯 1970 年 4 月年致伯克希尔股东的信。

67. 同上。

68. 同上。

69. 沃伦·巴菲特 1969 年 12 月致合伙人的信。

70. 同上。

71. 沃伦·巴菲特摘自其 1969 年 1 月致合伙人的信。

72. 同上。

73. 同上。

74. 同上。

75. 沃伦·巴菲特 1969 年 5 月致合伙人的信。

76. 同上。

77. 同上。

78. 同上。

79. 同上。

80. 同上。

81. 同上。

82. 同上。

83. 同上。

84. 本杰明·格雷厄姆《聪明的投资人》(哈珀商务精要，1973 年)。

85. 沃伦·巴菲特 1969 年 10 月致合伙人的信。

86. 同上。

87. 同上。

88. 同上。

89. 同上。

90. 同上。

91. 同上。

92. 沃伦·巴菲特 1969 年 12 月致合伙人的信。

93. 沃伦·巴菲特 2006 年致伯克希尔股东的信。

94. 丹尼尔·罗伯茨 "喜诗糖果的秘密"，《财富》杂志 2012 年 9 月 3 日刊。

95. 摘自卡洛尔·卢米斯 "沃伦·巴菲特的内部故事"（1988 年 4 月 11 日)。

96. 沃伦·巴菲特给北卡罗来纳大学教堂山分校学生的演讲，题为 "沃伦·巴菲特谈商业"，公众电视中心（1995 年)。

97. 沃伦·巴菲特 2014 年致伯克希尔股东的信。

98. 沃伦·巴菲特 1999 年致伯克希尔股东的信。

99. 沃伦·巴菲特 2014 年致伯克希尔股东的信。

100. 沃伦·巴菲特 2011 年致伯克希尔股东的信。

101. 沃伦·巴菲特 1999 年致伯克希尔股东的信。

102. 沃伦·巴菲特 2014 年致伯克希尔股东的信。

103. 沃伦·巴菲特 1973 年致伯克希尔股东的信。

104. 沃伦·巴菲特 1973 年致伯克希尔股东的信。

105. 同上。

106. 安东尼·辛普森 "漂亮的女孩就在那儿"，《福布斯》杂志 1974 年 11 月 1 日刊。

107. 同上。

108. 沃伦·巴菲特 1985 年致伯克希尔股东的信。

109.《新闻周刊》1972 年年度报道。

110. 沃伦·巴菲特 1987 年致伯克希尔股东的信。

111. 沃伦·巴菲特 1985 年致伯克希尔股东的信。

112. 同上。

113. 我之前写过一本《公司金融》，并在英国的大学里成为畅销教材，我需要承担一些责任。但是，至少我解释了尽管这些金融理论很有趣，并且有点用处，但是现实世界极具复杂性，这意味着我们在运用这些理论的时候必须非常谨慎。

114. 沃伦·巴菲特 1986 年致伯克希尔股东的信。

115. 杰里·古德曼（'亚当·斯密斯'）《超级金钱》(1972 年)。

116. 在一个较长的时期内，买入的股价不同。

117. 查理·芒格和唐纳德·库普尔 1997 年致蓝筹印花股东的信。

118. 查理·芒格 2000 年致韦斯科股东的信。

119. 沃伦·巴菲特 1985 年致伯克希尔股东的信。

120. 查理·芒格 1997 年致韦斯科股东的信。

121. 沃伦·巴菲特 1996 年致伯克希尔股东的信。

122. 查理·芒格 1999 年致韦斯科股东的信。

推荐阅读

序号	书号	书名	序号	书号	书名
1	30250	江恩华尔街45年（珍藏版）	42	41880	超级强势股：如何投资小盘价值成长股
2	30248	如何从商品期货贸易中获利（珍藏版）	43	39516	股市获利倍增术（珍藏版）
3	30247	漫步华尔街（原书第9版）（珍藏版）	44	40302	投资交易心理分析
4	30244	股市晴雨表（珍藏版）	45	40430	短线交易秘诀（原书第2版）
5	30251	以交易为生（珍藏版）	46	41001	有效资产管理
6	30246	专业投机原理（珍藏版）	47	38073	股票大作手利弗莫尔回忆录
7	30242	与天为敌：风险探索传奇（珍藏版）	48	38542	股票大作手利弗莫尔谈如何操盘
8	30243	投机与骗局（珍藏版）	49	41474	逆向投资策略
9	30245	客户的游艇在哪里（珍藏版）	50	42022	外汇交易的10堂必修课
10	30249	彼得·林奇的成功投资（珍藏版）	51	41935	对冲基金奇才：常胜交易员的秘籍
11	30252	战胜华尔街（珍藏版）	52	42615	股票投资的24堂必修课
12	30604	投资新革命（珍藏版）	53	42750	投资在第二个失去的十年
13	30632	投资者的未来（珍藏版）	54	44059	期权入门与精通（原书第2版）
14	30633	超级金钱（珍藏版）	55	43956	以交易为生II：卖出的艺术
15	30630	华尔街50年（珍藏版）	56	43501	投资心理学（原书第5版）
16	30631	短线交易秘诀（珍藏版）	57	44062	马丁·惠特曼的价值投资方法：回归基本面
17	30629	股市心理博弈（原书第2版）（珍藏版）	58	44156	巴菲特的投资组合（珍藏版）
18	30835	赢得输家的游戏（原书第5版）	59	44711	黄金屋：宏观对冲基金顶尖交易者的掘金之道
19	30978	恐慌与机会	60	45046	蜡烛图精解（原书第3版）
20	30606	股市趋势技术分析（原书第9版）（珍藏版）	61	45030	投资策略实战分析
21	31016	艾略特波浪理论：市场行为的关键（珍藏版）	62	44995	走进我的交易室
22	31377	解读华尔街（原书第5版）	63	46567	证券混沌操作法
23	30635	蜡烛图方法：从入门到精通（珍藏版）	64	47508	驾驭交易（原书第2版）
24	29194	期权投资策略（原书第4版）	65	47906	赢得输家的游戏
25	30628	通向财务自由之路（珍藏版）	66	48513	简易期权
26	32473	向最伟大的股票作手学习	67	48693	跨市场交易策略
27	32872	向格雷厄姆学思考，向巴菲特学投资	68	48840	股市长线法宝
28	33175	艾略特名著集（珍藏版）	69	49259	实证技术分析
29	35212	技术分析（原书第4版）	70	49716	金融怪杰：华尔街的顶级交易员
30	28405	彼得·林奇教你理财	71	49893	现代证券分析
31	29374	笑傲股市（原书第4版）	72	52433	缺口技术分析：让缺口变为股票的盈利
32	30024	安东尼·波顿的成功投资	73	52601	技术分析（原书第5版）
33	35411	日本蜡烛图技术新解	74	54332	择时与选股
34	35651	麦克米伦谈期权（珍藏版）	75	54670	交易择时技术分析：RSI、波浪理论、斐波纳契预测及复合指标的综合运用（原书第2版）
35	35883	股市长线法宝（原书第4版）（珍藏版）	76	55569	机械式交易系统：原理、构建与实战
36	37812	漫步华尔街（原书第10版）	77	55876	技术分析与股市盈利预测：技术分析科学之父沙巴克经典教程
37	38436	约翰·聂夫的成功投资（珍藏版）	78	57133	憨夺型投资者
38	38520	经典技术分析（上册）	79	57116	高胜算操盘：成功交易员完全教程
39	38519	经典技术分析（下册）	80	57535	哈利·布朗的永久投资组合：无惧市场波动的不败投资法
40	38433	在股市大崩溃前抛出的人：巴鲁克自传（珍藏版）	81	57801	华尔街之舞：图解金融市场的周期与趋势
41	38839	投资思想史			

投资大师 · 极致经典

书号	书名	定价	作者
978-7-111-59210-5	巴菲特致股东的信：投资者和公司高管教程（原书第4版）	99.00	沃伦 E 巴菲特 劳伦斯 A 坎宁安
978-7-111-58427-8	漫步华尔街（原书第11版）	69.00	伯顿 G. 马尔基尔
978-7-111-58971-6	市场真相：看不见的手与脱缰的马	69.00	杰克 D. 施瓦格
978-7-111-62573-5	驾驭周期：自上而下的投资逻辑	80.00	乔治·达格尼诺
978-7-111-60164-7	格雷厄姆经典投资策略	59.00	珍妮特·洛